LA MONTAGNE DANS L'OCÉAN

JEAN-YVES LELOUP

LA MONTAGNE DANS L'OCÉAN

Méditation et compassion dans le bouddhisme et le christianisme

Albin Michel

Albin Michel
▪ *Spiritualités* ▪

Collections dirigées
par Jean Mouttapa et Marc de Smedt

22, rue Huyghens, 75014 Paris

www.albin-michel.fr

ISBN 2-226-11427-0
ISSN 0755-172X

Au père Séraphin
MONTAGNE de l'Athos
Au Dalaï Lama
OCÉAN de compassion.

Introduction

Il est des questions dont on ne trouve pas les réponses en lisant des livres ou en écoutant des conférences, à moins que ceux-ci ne nous invitent à des pratiques ou des exercices qui "épuisent" la question et laissent "jaillir" la réponse dans le secret même de notre être et de notre souffle... Plus précieuse encore est la rencontre de personnes qui, par toutes sortes de "moyens habiles", remettent en question nos plus savantes réponses et nous introduisent sur un chemin où il faudra vérifier jour après jour, instant après instant, que le Réel est bien là et que c'est notre grand tort et notre dure souffrance que d'être sans cesse ailleurs.

Après mille et une impasses et errances, j'ai eu la chance de rencontrer de telles personnes et leurs enseignements. J'ai écrit le récit de ces rencontres dans *L'Absurde et la Grâce*. La question qui m'est posée aujourd'hui est la suivante : quelles sont, dans le monde contemporain, les pratiques qui pourraient être les plus essentielles, les plus capables de lui donner du sens ? Je réponds sans hésiter : l'exercice conjoint de la méditation et de la compassion, la méditation sans la compassion pouvant devenir une forme d'auto-hypnose, de fuite du monde ou de "narcissisme subtil", et la compassion sans la méditation, un activisme plein de bonne volonté, mais sans discernement et sans profondeur.

Lorsque je dis cela, on me fait souvent remarquer que la méditation est l'"activité" privilégiée des bouddhistes et la compassion celle des chrétiens — comme si le silence et l'amour étaient la "propriété" de l'un ou de l'autre ! L'exercice conjoint de la méditation et de la compassion serait donc "la pratique conjointe du bouddhisme et du christianisme", une sorte de syncrétisme !

Bien qu'un des premiers fruits d'une pratique régulière de la méditation et de la compassion soit de nous délivrer du souci des regards et des jugements plus ou moins réducteurs qu'autrui peut poser sur nous, il faut au contraire rappeler dans le présent ouvrage que le christianisme est une tradition de méditation et que le bouddhisme est une pratique immémoriale de compassion...

Je remercie le Philosophy Religion International Network d'avoir pris la peine de décrypter les cassettes de quelques-unes de mes conférences sur ce thème, celle donnée au Dojo zen de Paris pour la méditation et celles données au couvent franciscain du Chant d'oiseau à Bruxelles. Je parle ainsi du christianisme dans un contexte bouddhiste, et du bouddhisme dans un contexte chrétien, en me fondant chaque fois sur les enseignements et les pratiques de ceux qui m'ont guidé sur ces chemins. C'est le moment de leur exprimer de nouveau ma gratitude et ma reconnaissance, car on ne peut transmettre que ce qu'on a reçu... sachant aussi que ce qu'on a reçu n'est pas à la mesure de tout ce qui nous a été donné...

Les transcripteurs ont gardé volontairement le style

familier de l'oral, sans alourdir le texte des références scripturaires qui s'imposeraient dans un autre genre d'ouvrage. Le but est d'inviter à une vie plus silencieuse et plus aimante habitée par cette sagesse et cette compassion qui ne sont pas les attributs d'une religion particulière, mais le "fond" de tout homme, quels que soient ses doutes ou ses croyances.

C'est dans cet esprit que je suis également heureux de participer aux colloques et pèlerinages de l'OTU (Organisation des traditions unies) [1] aussi bien dans le désert, à Bodh-Gayâ (Inde), que sur les bords du lac de Tibériade. Comme le rappelle l'archevêque Anastase, primat de l'Église orthodoxe d'Albanie : « Plus de temps et de moyens doivent être dégagés pour la rencontre réelle, spontanée, pour l'Amitié [...]. Les interrelations personnelles qui facilitent la compréhension de notre humanité commune permettent au dialogue d'aller plus loin, plus aisément. »

Le Dalaï-Lama déclare également : « Par ma propre expérience, j'ai appris que la méthode la plus efficace pour dépasser les conflits est le contact étroit et l'échange entre les tenants de croyances différentes, pas seulement à un niveau intellectuel, mais aussi par des expériences spirituelles profondes. C'est là une méthode puissante pour développer la compréhension et le respect mutuel. C'est au cours d'un échange que peut s'établir une base solide pour construire une harmonie véritable. »

---

1. OTU, hameau de Saint-Hugon, 73110 Arvillard. Cassette vidéo : *Sous l'arbre de la Bodhi*, deuxième pèlerinage Intertraditions.

Pour être honnête, avant de célébrer l'entente de nos sages, il faut rappeler brièvement quelques-unes des querelles ou des confusions de nos scribes. L'histoire des relations du christianisme et du bouddhisme ne manque pas d'intérêt : encore à une époque récente, on y remarque les anathèmes les plus sectaires et les syncrétismes les plus complaisants.

En 1735, J. B. du Halde, dans sa *Description de la Chine*, parle du bouddhisme comme d'une « religion monstrueuse », d'une « secte abominable ». P. Parennin, dans sa lettre à M. de Mairan, surenchérit : « C'est une peste, une gangrène. Les philosophes chinois ont eu raison de la combattre, non seulement comme une ridicule doctrine mais comme un monstre dans la morale et comme le renversement de la société civile [1]. »

À ceux qui affirmaient que tout ce qu'il y a de valable dans la doctrine du Bouddha est emprunté à la loi de Moïse, on répondit par des affirmations tout aussi péremptoires que ce sont plutôt les juifs et les chrétiens qui ont "pillé" les écrits du bouddhisme.

Pour l'auteur anonyme d'un ouvrage paru en 1881 sous le titre significatif, *Jésus-Bouddha*, non seulement les esséniens mais tous les prophètes d'Israël sont « manifestement » bouddhistes : les écoles des prophètes étaient des couvents bouddhistes, le bouddhisme d'Esdras était altéré mais bientôt les esséniens rétablirent la pure doctrine dans laquelle ils élevèrent Jésus en leur couvent de la quarantaine. On comprend que Jésus se soit heurté aux pharisiens, « produit bâtard de l'an-

1. J. B. du Halde, J. Grasset, P. Parennin, P. de Charlevoix, Ch. le Gobien cités par H. de Lubac in *La Rencontre du bouddhisme et de l'Occident*, Aubier, 1952.

cienne Loi de Moïse et de la nouvelle Loi du Bouddha ». Après avoir prêché celle-ci, Jésus grâce à ses disciples est devenu Bouddha après sa mort ou, si l'on préfère, pour les Occidentaux « Bouddha est devenu Jésus »...

Ce qu'ont en commun ces différents auteurs, c'est une puissance d'affirmation proportionnelle à l'absence de fondements pour ce qu'ils affirment. À ce ton polémique ou “récupérateur”, certains préféreront un syncrétisme qui ne manque pas de bonne volonté, mais qui demeure tout aussi caricatural. Dans *La Voie parfaite*, parue sans nom d'auteur en 1882, on peut lire :

« Bouddha et Jésus sont nécessaires l'un à l'autre ; et dans l'ensemble du système ainsi complété, Bouddha est le mental, Jésus est le cœur ; Bouddha est le général, Jésus est le particulier ; Bouddha est le frère de l'univers, Jésus est le frère des hommes ; Bouddha est la philosophie, Jésus est la religion ; Bouddha est la circonférence, Jésus est le centre ; Bouddha est le système, Jésus est le point de radiation ; Bouddha est la manifestation, Jésus est l'esprit. En un mot Bouddha est l'homme, ou l'intelligence, Jésus est la femme ou l'intuition... Personne ne peut être proprement chrétien s'il n'est aussi et d'abord bouddhiste. Ainsi les deux religions constituent respectivement l'extérieur et l'intérieur du même Évangile, la fondation étant le bouddhisme (ce terme comprenant le pythagorisme) et l'illumination, le christianisme. Et de même que le bouddhisme est incomplet sans le christianisme, de même le christianisme est inintelligible sans le bouddhisme [1]. »

---

1. *The Perfect Way*, traduction française, p. 248-249, cité par René Guénon, *Le Théosophisme*, p. 178.

On pourrait croire que le XXe siècle, connaissant mieux les textes fondateurs de ces deux civilisations, serait moins enclin à porter des jugements définitifs sur "l'autre". Ce n'est pas encore le cas de Paul Claudel : « Il n'est que trop vrai, pour l'être à qui Dieu s'est montré, à qui Dieu s'est offert, que céder à la tentation bouddhique, ce serait choisir le silence de la créature retranchée dans son refus intégral, la quiétude incestueuse de l'âme assise sur sa différence essentielle. L'homme porte en lui l'horreur de ce qui n'est pas l'Absolu, il aspire à rompre le cercle affreux de la vanité. Mais s'il croit y parvenir, à la suite du plus profond sans doute parmi les spirituels laissés à leurs propres lumières, en reniant la foi qu'il avait reçue d'en haut, alors en vérité, il ne réussit qu'à "parfaire le blasphème païen" et cette apostasie est en même temps régression mentale [1]. »

Citons enfin deux célèbres théologiens du XXe siècle, Henri de Lubac d'abord :

« Les religions et les sagesses humaines ne sont pas comme autant de sentiers gravissant, par des versants divers, les pentes d'une montagne unique. On les comparerait plutôt, dans leurs idéaux respectifs, à autant de sommets distincts, séparés par des abîmes — et le pèlerin qui s'est égaré, hors de la seule direction, sur le plus haut sommet risque de se trouver, de tous, le plus éloigné du but. Enfin, c'est entre les hautes cimes que se produit l'éclair des grands conflits [2]. »

Et Romano Guardini :

« Le Bouddha constitue un grand mystère. Il vit dans

1. Paul Claudel, *Connaissance de l'Est* (1907), cité et approuvé par Henri de Lubac, *op. cit.*, p. 280.
2. Henri de Lubac, *op. cit.*, p. 281.

une liberté effrayante, presque surhumaine, cependant qu'il est d'une bonté puissante comme une force cosmique. Peut-être Bouddha est-il le dernier génie religieux avec lequel le christianisme aura à s'expliquer. Personne n'a encore dégagé sa signification chrétienne. Peut-être le Christ n'a-t-il pas eu seulement un précurseur dans l'Ancien Testament, Jean, le dernier des prophètes, mais un autre au cœur de la civilisation antique, Socrate, et un troisième qui a dit le dernier mot de la philosophie et de l'ascétisme religieux orientaux, Bouddha[1]. »

Il convenait de citer ces théologiens. Ils expriment assez bien ce que pensent encore aujourd'hui beaucoup de catholiques, protestants et orthodoxes. Néanmoins, on ne peut nier un changement d'attitude de la part d'un certain nombre de chrétiens qui ne se contentent pas de "lire des livres sur...", mais qui osent s'engager dans la "pratique" de l'autre. Leur jugement s'en trouve changé, comme éclairé du dedans. C'est à cette catégorie de chrétiens que nous faisons appel : Enomiya Lassalle, A. M. Besnard, Kakichi Kadawaki, Pierre-François de Béthune ; on pourrait encore citer Thomas Merton, R. Panikkar, K. Dürckheim, W. Johnston et quelques autres.

Désormais, il s'agit peut-être moins d'afficher ses étiquettes, bouddhiste ou chrétienne, que d'entrer davantage dans la question : qu'est-ce que l'homme ? Qu'en est-il de cette profondeur nommée de divers noms mais dont il importe avant tout de faire l'expérience et d'en revenir transformé, délivré des songes et de l'illusion, davantage présent à "ce qui est" ?

1. Romano Guardini, *Le Seigneur*, tome I, p. 346, traduction de Pierre Lorson.

Au terme d'une session zen, un ami bouddhiste venait de m'expliquer que le non-attachement, la non-réalité du sujet (*anatta*), la vacuité (*sunyata*) et l'attention à l'instant "sans but ni profit" étaient pour lui l'essentiel de ce que lui avaient enseigné la posture et la méditation zen. Il me posa quatre questions :

- Un chrétien peut-il être sans attachement, sans désir, sans dépendance, à l'égard même de Dieu et du Christ ?
- Un chrétien peut-il accepter la non-réalité du sujet ?
- Un chrétien peut-il faire sienne l'expérience de la réalité ultime comme vacuité ?
- Un chrétien peut-il vivre dans la discontinuité, instant après instant, sans mémoire, sans projet ?

En guise de réponse, j'invitai mon ami à venir pratiquer une semaine de méditation hésychaste dans un monastère orthodoxe, après lui avoir expliqué que la liberté intérieure, le don de soi-même (ou le renoncement à soi-même), le sens du mystère, "ne pas se préoccuper du lendemain" et "ne pas se retourner en arrière" étaient pour moi des éléments importants enseignés par la pratique de la méditation hésychaste. Je lui posai quatre questions :

- Un bouddhiste peut-il être libre de toutes attaches, sans désir, même à l'égard du Dharma et du Bouddha ?
- Un bouddhiste peut-il accepter la réalité relative du sujet humain (et renoncer à ce qu'il croit être un soi ou un non-soi) ?

- Un bouddhiste peut-il faire sienne l'expérience de la réalité ultime comme plénitude (*pléroma*) ou comme Mystère (ténèbre supra-lumineuse, dirait Denys le Théologien) ?
- Un bouddhiste peut-il vivre l'instant dans l'histoire, sans nier pour autant son ouverture à l'Éternel (qui est un non-temps) ?

À une question ne faut-il pas d'abord répondre par une autre question ? N'est-ce pas ainsi que chacun stimule l'autre à creuser son propre puits et qu'ensemble et à distance nous nous approchons de la Source ?

I

LA VOIE DE LA MÉDITATION

1. Zen et hésychasme

Cette conférence se situe dans un dojo zen, un lieu où des hommes et des femmes se réunissent pour pratiquer la méditation. Le cadre est simple, il n'est pas austère ; nous sommes bien assis en méditation, les visages sont assez graves mais détendus...

Il m'a été demandé de parler d'une pratique de méditation dans le christianisme, celle de l'hésychasme, son origine, et comment elle s'est transmise des premiers siècles de notre ère jusqu'à aujourd'hui, en quoi consiste cette pratique, si elle a un but, quels en sont les fruits ?

Je n'ai pas été invité pour faire une simple conférence, mais pour partager mon expérience et témoigner de la tradition dans laquelle s'inscrit cette expérience. Nous ne sommes pas ici pour comparer le bouddhisme et le christianisme, la vie, la philosophie de la sagesse de Siddhârta Gautama Sâkyamuni appelé Bouddha et de Yeshoua ben Yosseph de Nazareth appelé Christ... ni non plus pour comparer nos méthodes de méditation et disserter sur leurs avantages et leurs inconvénients d'après nos points de vue respectifs.

Nous sommes ici pour méditer ensemble, c'est-à-dire pour nous asseoir, respirer profondément et si possible nous taire, au-dedans comme au-dehors. Si l'Esprit qui nous habite n'est pas un mauvais esprit, nous pourrions dans quelques heures nous en trouver mieux, un je-ne-sais-quoi de bienveillant s'incarnerait dans le monde, nous pourrions y retourner non seulement dans le désir du bien-être de tous mais en incarnant quelque chose de ce bien-être.

Méditation et compassion ne sont évidemment pas séparées. Ce que vous appelez l'idéal du bodhisattva, c'est l'idéal de tout chrétien ; plutôt que de parler d'idéal, parlons de la réalisation à laquelle tout homme est appelé — l'actualisation de son être véritable —, car l'important, c'est que par la compréhension et la pratique nous devenions non seulement de meilleurs bouddhistes, ou de meilleurs chrétiens, mais d'authentiques êtres humains. Il y a très peu d'êtres humains sur terre, beaucoup d'animaux voraces et parfois très intelligents ; mais l'humanité est rare, trop rare pour oser dire qu'aujourd'hui nous vivons dans un monde humain.

Si je suis ici avec vous, ce n'est pas pour que vous deveniez chrétiens, ce n'est pas pour que je devienne bouddhiste, mais pour qu'ensemble nous devenions plus humains, éveillés et aimants. La théorie n'est là que pour éclairer et stimuler notre pratique, la replacer dans des traditions qui nous sont chères et instaurer entre nous un dialogue et des résonances qui fécondent notre devenir et celui du monde dans lequel nous vivons.

2. La transmission

Dans le christianisme comme dans le bouddhisme ou le soufisme, le but de la méditation est de parvenir à la pureté du cœur et de l'esprit qui font de tout homme le réceptacle ou le miroir sans tache de la pure lumière.

L'accueil de cette lumière, rayonnement et présence de l'Être incréé, introduit l'homme dans un état de paix ne dépendant pas des circonstances (santé, humeurs, environnement, etc.), c'est-à-dire un état de paix non psychique, mais spirituel, ontologique. C'est l'expérience de cette Réalité que les chrétiens appellent *hésychia*, qui donnera naissance à l'*hésychasme*. Recherche et accueil d'un silence et d'une paix qui ne sont pas de ce monde, et qui pourtant peuvent être non seulement pressentis mais vécus dans cet espace-temps.

Cette expérience est le fruit d'une transmission orale, de cœur à cœur, d'être à être, d'où l'importance dans le christianisme, comme dans le bouddhisme et le soufisme, de l'appartenance à une authentique lignée qui nous transmet sans corruption la juste *praxis* ou pratique, et l'authentique *gnosis* ou contemplation.

Dans le christianisme on distingue deux lignées.

• La lignée historique, qui remonte aux apôtres fondateurs d'Églises et de communautés : Jacques est à l'origine de l'Église de Jérusalem, Jean de celle d'Éphèse, Thomas de la communauté de l'Inde, etc., sans oublier Pierre et Paul, fondateurs des Églises d'Antioche puis de Rome.

• À côté de cette lignée importante pour les Églises institutionnelles, qui pourront alors se référer à ce qu'on appelle la "succession apostolique", gage de leur authenticité et de leur pérennité, il existe une autre lignée plus discrète, moins chargée de définir les dogmes et les règles du bien-vivre des communautés que de veiller à la possibilité et à la pratique d'une forme de prière ou de méditation qui pourrait entretenir, en chaque être humain, la qualité de relation et d'intimité que le Christ lui-même vivait avec celui qu'il appelait son Père : la Source, l'Origine incréée de tout ce qui vit, pense, aime et respire.

De même que dans le zen on fait ses vœux monastiques sur la généalogie des maîtres qui nous ont transmis la pratique, dans l'hésychasme on fait mémoire des "Saints Pères" par qui nous est venu l'enseignement véritable que chacun aura à découvrir, à vivre et à incarner.

• *La Samaritaine*

Lorsque les disciples demandent à Jésus : « Rabbi, apprends-nous à prier », Jésus leur transmet l'essence de la prière juive, le *Notre-Père*. Chacun des versets de cette prière étant emprunté à la tradition, elle synthétise bien les demandes et les attentes du peuple d'Israël et de tous les sages et prophètes qui ont précédé Jésus. C'est une prière "d'hommes", qui peut se réciter à la synagogue ou dans les assemblées, une prière qui se dit à voix haute et en public.

Elle peut néanmoins se dire "dans le secret", les portes de la chambre étant fermées, « car le Père qui est dans le secret sait ce dont vous avez besoin ». Dans la tradition zen, cette prière pourrait correspondre à la lecture ou à la psalmodie des sûtras avant d'entrer dans la méditation silencieuse.

Le *Notre-Père* deviendra la prière officielle du christianisme, la prière même de Jésus ; nous révélant son désir, ce qu'il est bon et juste de demander, elle nous a été transmise depuis les temps apostoliques à travers la liturgie.

À côté de cette prière rabbinique, transmise essentiellement aux hommes, il en existe une autre, transmise cette fois à une femme, une Samaritaine, c'est-à-dire une femme considérée comme hérétique par la religion et le peuple auquel appartient Jésus. Lorsque celle-ci lui demande : « Où faut-il prier ? Sur cette montagne ou à Jérusalem ? », Jésus lui répond : « Ni sur cette montagne ni à Jérusalem ; les vrais adorateurs, c'est en Esprit et vérité qu'ils doivent adorer. »

La traduction littérale du grec *en pneumati kai aletheia* devrait préciser davantage : « c'est dans le souffle (*en pneumati*, de *pneuma*, le souffle, *rouah* en hébreu) et la vigilance (*a-letheia*, sorti de la *lethè* — du sommeil —, léthargie) qu'ils doivent prier ». On pourrait encore traduire : « [...] c'est avec un souffle vigilant, conscient, ou encore "éveillé", qu'il faut prier ».

Aletheia, que l'on traduit par vérité, peut plus exactement se traduire par "éveil". Jésus n'a jamais dit "j'ai" la vérité, mais "je suis" la vérité ; littéralement : je suis éveillé (*ego eimi aletheia*). Cela vous rappelle sans doute l'étymologie du mot bouddha (de *bodhi* : celui dont la *bodhi*, l'intelligence, a été éveillée — le Bouddha n'a jamais dit "j'ai l'éveil", mais « je suis éveillé »). De nouveau il faut le rappeler : l'éveil n'est pas la propriété des bouddhistes, pas plus que la vérité n'est la propriété des chrétiens. Le Bouddha et le Christ n'appartiennent pas uniquement aux communautés qui se réclament de leur nom et de leur expérience, mais à tous les hommes de bonne volonté, attentifs au secret qui habite les profondeurs de leur souffle et de leur conscience.

Yeshoua (Jésus), en rappelant à la Samaritaine que la prière n'est pas dépendante d'un lieu donné pour sacré (Jérusalem ou la montagne de Samarie), la conduit vers son propre cœur, là où est "Je suis". Avant d'être une ontologie, le christianisme est une "odologie" (de *odos*, le chemin), un chemin qui ne conduit pas seulement vers l'extérieur, des rites ou des actes de justice, mais aussi à l'intérieur, « là où coulent des fleuves d'eaux vives », là où les flux et reflux de la vie et du souffle nous portent et nous emportent.

Nous disions que la pratique proposée par Yeshoua s'adresse à une femme, il serait plus juste de dire qu'elle s'adresse au "féminin", à la dimension contemplative qui habite tout être humain, homme ou femme ; c'est à cette dimension de nous-même, la plus intime, que s'adresse cette invitation à prier "dans le souffle et la vigilance", alors qu'avec le *Notre-Père* Jésus s'adressait à la dimension plus masculine de l'être humain, publique et active.

On comprend mieux alors que Clément d'Alexandrie et saint Jean Cassien fassent allusion à cette pratique d'une tradition secrète ; il ne s'agit nullement d'un ésotérisme au sens ordinaire du terme, mais d'un éveil de l'homme intérieur (*eso-anthropon*) dont parleront saint Paul, les Pères du désert et, plus tard, Maître Eckhart. Cette pratique est simple, naturelle pourrait-on dire : par l'attention au Souffle et par une vigilance dans l'instant, l'homme peut être conduit à la Présence qui le fait être et aimer, à l'Image vivante de Dieu en lui, le Christ "plus intérieur à moi que moi-même".

Cette pratique sera développée par la suite ; on précisera la posture, on introduira l'invocation du Nom sur le rythme même de la respiration, mais l'essentiel est déjà transmis par Jésus à la Samaritaine, « de mon cœur à ton cœur », *I shin den shin*, comme il est dit dans la tradition zen...

La Samaritaine transmettra son expérience à saint Jean, le seul qui raconte cet épisode dans son évangile ; saint Jean la transmettra à saint Marc, premier "pape" d'Égypte (dont le successeur est actuellement Shénouda II, patriarche des coptes du Caire et d'Alexandrie) ; saint Marc transmettra cette tradition à tous les anciens d'Égypte, dont les noms nous sont connus à partir d'Antoine et de Paul ; ces ermites et anachorètes la transmettront aux autres moines de différentes nations... Dès lors, cette pratique deviendra une "méthode", l'hésychasme, qui fleurira au mont Athos, ce haut lieu de la spiritualité orthodoxe.

Celui qui me l'a transmise au mont Athos s'appelait Séraphim. Il aboyait beaucoup, c'était ce que, dans la tradition russe, on appelle un "fol en Christ". Il vivait près du monastère de Saint-Panteleimon et avait été disciple du saint staretz Silouane, que le père Sophrony a fait connaître en Occident. Lors d'un séjour dans son monastère près de Londres où se pratiquait la prière du cœur, il me disait l'importance de la parole du Christ au staretz : « Garde ton esprit en enfer mais ne désespère pas. »

« Il ne faut pas craindre les profondeurs de l'ombre, disait-il, que ce soit notre ombre personnelle, collective ou même cosmique, mais il ne faut pas y descendre seul. Laisse-toi accompagner par le Christ et son Esprit : il est la lumière que les ténèbres ne peuvent atteindre ou éteindre, dont il est question dans le prologue de saint Jean. Chacun de nous emporte dans sa nuit une bouchée de lumière [il faisait allusion à Judas, qui selon l'Évangile se retire dans la nuit après avoir reçu une bouchée de pain des mains du Christ], c'est cette étincelle qui ne peut faiblir, c'est sur elle qu'il faut s'appuyer pour ne pas désespérer de soi-même ou du monde, "être sans appui et pourtant appuyé". »

Saint Silouane parlait comme Thérèse de Lisieux, qui elle aussi avait choisi de « demeurer à la table des pécheurs », c'est-à-dire en enfer, ce lieu de nous-mêmes où nous avons perdu le contact avec la Source divine... « Pourquoi m'as-tu abandonné ? » demandait le Christ à la Source de son Être qu'il appelait « son père et notre Père ». Or la Source ne nous abandonne jamais, c'est nous qui perdons la sensation de sa présence, cette sensation ou ce sentiment de sa présence que dans la théologie chrétienne on appelle le Saint-Esprit, lien et relation vécus du Fils avec le Père.

Il s'agit de renoncer à la "sensation" de cette Réalité, non à la Réalité elle-même ; le Saint-Esprit agit alors dans le secret, secret non seulement pour les autres, mais également pour soi-même, et c'est quelquefois après avoir goûté des consolations inexprimables, une solitude, un abandon que nul ne peut imaginer. « Où es-tu, ma lumière ? Seigneur, envoie ton Esprit ! » demandait sans cesse le staretz Silouane.

D'une certaine façon, le père Séraphim avait lui aussi renoncé à la sensation du Saint-Esprit. Il avait surtout renoncé à sa réputation. Il passait au mont Athos pour un fou, un gyrovague, un moine de la pire espèce, incapable de se fixer dans un lieu ou de se soumettre à une règle. Dans ses dernières années il réussit mieux encore :

se faire oublier... Difficile aujourd'hui de trouver au mont Athos quelqu'un qui se souvienne de lui. Il y a pourtant quelques photos, dont une parue dans un album célèbre en Italie : un visage rayonnant de lumière, de simplicité et de bonté, dont la sainteté était si évidente que, pour éloigner de lui tout disciple ou pèlerin prompt à le vénérer, il aboyait avec véhémence.

C'était sa façon à lui de préserver un espace qu'il voulait solitaire, voué à la prière perpétuelle et à l'intercession pour tous les hommes. Passer pour un idiot, pour un fou, "honte de la sainte montagne", était pour lui la plus grande victoire car, me disait-il : « Si les hommes savaient quelle est ma joie et quelle est ma souffrance devant cet insupportable paradoxe de la croix et de la résurrection, ils fuiraient tous le christianisme. Dieu ne m'a pas demandé d'être édifiant ou d'enseigner la bonne doctrine, il m'a demandé de lui offrir mon souffle, mes pensées, mon sang... Les hommes n'ont pas besoin de savoir que je les aime, l'important c'est que je donne vraiment ma vie pour eux. »

Pour pouvoir l'approcher, ceux qui n'étaient pas effrayés par les jugements *a priori* qu'on portait sur lui devaient subir un certain nombre d'épreuves. Je ne m'attarderai pas sur celles qui ont été les miennes, j'en ai dit quelques mots par ailleurs ; disons simplement que mes prétentions à la spiritualité en ont pris un coup, car le père Séraphim avait une sainte horreur de tous ceux qui prétendaient faire carrière dans ce domaine.

« Qui sommes-nous pour juger les autres, les instruire ?

— Mais alors, demandai-je, comment transmettre la tradition ?

— Ce sont deux soifs qui se rencontrent, me disait-il, et qui marchent ensemble vers la Source. N'appelez personne père, n'appelez personne maître, un seul est Père, un seul est Maître : la Réalité, et il n'y a d'autre réalité que la Réalité ; nous prions pour ne pas oublier "ce qui est", "Celui qui est". Nous n'inventons rien, nous ne recherchons pas des états psychiques extraordinaires. "Ce qui est, est", là est notre bonheur, agréable ou douloureux, peu importe. En Dieu il n'y a plus de "ça me plaît" ou "ça ne me plaît pas", "cela est" et c'est tout. Si le tout t'intéresse, tout est déjà là, pourquoi le chercher ? Y a-t-il un seul endroit où la Réalité n'est pas ? »

Ces paroles je les avais déjà entendues auprès des sages de l'Inde, auprès des soufis, des lamas, des roshis et autres sages d'Orient que j'avais rencontrés. Je les avais lues aussi dans les grands textes des mystiques d'Occident. Mes lectures, mes voyages et jusqu'à cette mort clinique à Istanbul, qui était censée m'avoir initié à "ce qui ne meurt jamais", faisaient doucement rire et aboyer le père Séraphim : « Ah ! Monsieur a lu, monsieur a voyagé, et monsieur ne sait pas qui est Dieu ! Il ne s'est jamais baigné dans le Saint-Esprit, il n'a jamais versé des larmes pour le monde entier, si ce n'est en rêve ! Monsieur n'a rencontré que des idées et des idoles de Dieu. La Réalité, qu'en sait-il ? »

Le piège, en effet, qu'on parle de Réalité ultime, de *satori*, de *nirvāna*, de béatitude céleste, c'est que même si nous avons des notions sur la chose et quelques petites expériences, nous n'avons pas réalisé "ce qui est", nous ne sommes pas réels et notre vie vaut ce que valent nos plus difficiles ou nos plus beaux songes.

La seule question, pour moi, était désormais : "Comment ?" Comment réaliser cela ? Comment faire pour que le Christ ne soit pas une idole pour moi, un beau visage qui sans doute m'illumine du dehors mais ne m'éclaire pas du dedans ?

Après m'avoir souvent rabroué, le père Séraphim accepta que je le suive dans son errance autour de la sainte montagne... de loin, avec de plus longs séjours près de Saint-Panteleimon ou de la skite Sainte-Anne. « Qui suis-je pour t'enseigner ? Ne le sais-tu pas ? Je suis un chien, j'aboie, je suis mordu et je mords, un chien fou qui a perdu son maître et sa raison, qui hurle le Saint Nom sous la lune pour ne plus entendre le bruit de ses pensées... Et toi, qui es-tu pour prétendre prier ? Avant de parler de prière du cœur, apprends d'abord à méditer comme une montagne. » Et il me montra un énorme rocher[1] : « Demande-lui comment il fait pour prier. Tu reviendras me voir quand tu sauras prier aussi durement et profondément que la terre et toutes ses roches. »

Ainsi commençaient pour moi l'initiation à la méditation hésychaste et la transmission de l'Esprit dans lequel elle doit être pratiquée.

Si on voulait résumer en quelques étapes quelle est cette pratique, il faudrait :

1. Insister sur la posture : *méditer, c'est être en bonne posture.*

2. Insister sur notre orientation externe et interne, la colonne vertébrale, sa droiture : *méditer, c'est être bien orienté.*

3. Insister sur la respiration, bien aller au fond de

1. Voir Jean-Yves Leloup, *Écrits sur l'hésychasme*, Albin Michel.

l'expir, laisser venir l'inspir : *méditer, c'est respirer profondément "en pneumati"*.

4. Insister sur l'invocation, le Nom de Yeshoua ou une invocation courte qui calme le mental et rassemble nos pensées dispersées : *la méditation, c'est l'invocation du Nom qui apaise.*

5. Découvrir notre "centre". Dans la tradition judéo-chrétienne, c'est le cœur, lieu de rencontre du mental (qu'il faut faire descendre) et du vital (qu'il s'agit d'élever) ; une vie qui n'a pas de sens, c'est une vie qui n'a pas de centre. Voir et faire toutes choses à partir du cœur : *méditer, c'est être centré.*

6. Ne pas avoir peur du silence et de la solitude, non pour demeurer séparé des autres, mais pour les rejoindre de l'intérieur par le fil qui relie tout ce qui existe (le *logos*) et leur communiquer la paix (*hésychia*) : *méditer, c'est être capable de silence et de solitude.*

7. Insister sur la patience et la répétition... Avant de devenir simple et naturellement ouverte à la grâce de l'Esprit-Saint, la méditation est une pratique qui demande une forte motivation, une grande patience et beaucoup de persévérance : *méditer, c'est être patient et persévérant.*

8. Les fruits de la méditation ne sont pas à rechercher pour eux-mêmes. Au-delà des effets psychiques dus à une pratique assidue (chaleur, lumière, larmes, excès de joie et de douleur), les effets spirituels sont plus importants : expérience de la transfiguration, compréhension du sens des Écritures, *hésychia*, paix et plénitude non dépendantes des circonstances, humilité et amour des ennemis. Cette humilité et cet amour des ennemis réalisent en nous la « filiation ». Dans l'Esprit qui unit le Père et le Fils, nous devenons *alter christus*, un autre

Christ (comme disait saint Grégoire à propos des baptisés) ; nous lui sommes « une incarnation de surcroît », nous avons en nous les sentiments qui étaient dans le Christ Jésus, nous participons par la compassion au salut et au bien-être de tous les vivants : *méditer pour le salut et le bien-être de tous les vivants.*

3. Pratique de la méditation hésychaste

• *La posture*

Il me faut d'abord rappeler l'importance du *staretz*, le père ou maître spirituel ; il ne fait pas de ceux qui le suivent *ses* disciples et de ceux qu'il engendre *ses* enfants, mais des enfants de Dieu, son rôle étant de transmettre la tradition et d'accompagner de sa bénédiction la pratique de ceux qui se confient à lui.

Si rien n'est possible sans la grâce d'une authentique transmission, rien n'est possible non plus sans la liberté et l'effort de celui qui s'engage sur le chemin de la pratique.

Le premier élément sur lequel insistait le père Séraphim, c'était la posture, « celle qui exclut l'imposture », aurait-il pu ajouter. On peut s'étonner de l'insistance donnée à une attitude physique, surtout en Occident où cette dimension est parfois oubliée. Il semble pourtant normal, dans une religion de l'incarnation, de donner toute son importance au corps et à ses attitudes. Le corps n'est pas le tombeau de l'âme mais le temple de l'Esprit, le lieu où le « Verbe se fait chair ».

Aussi le premier conseil à donner à quelqu'un qui veut s'engager sur une voie de méditation n'est-il pas d'ordre intellectuel, ni même spirituel, mais physique :

« Assieds-toi ! Assieds-toi comme une montagne », m'était-il précisé. S'asseoir comme une montagne, cela veut dire s'enraciner, prendre du poids, descendre... Méditer, ce n'est pas décoller mais atterrir, retrouver sa terre, ses racines. Être là de tout son poids, immobile.

Il m'était également demandé d'avoir le bassin légèrement plus haut que les genoux. Pour cela, le père Séraphim me proposa un coussin d'herbe sur lequel je pouvais m'asseoir ; il me servirait également d'oreiller et de siège pour les repas que je prendrais en solitaire. L'herbe était recouverte d'un tissu noir — le même que celui de la soutane que portent les prêtres et les moines dans l'orthodoxie ; plus ou moins rond, il devait être suffisamment épais afin que, jambes croisées, je puisse trouver une assise stable et ferme me permettant de rester deux ou trois heures ainsi, "ni crispé ni avachi", sans douleur ni fatigue — ce qui ne fut évidemment pas le cas au début : il suffit qu'on nous demande de nous asseoir pour qu'aussitôt nous prenne l'irrésistible envie de courir ou de remuer. Mais chacun sait que l'attitude du corps conditionne celle de l'esprit. Un corps immobile et silencieux appelle un cœur et un esprit immobiles et silencieux.

Être assis comme une montagne, c'est aussi "changer de temps" : la nature vit à un autre rythme. « Tu as l'éternité derrière toi, tu as l'éternité devant toi, me disait le père Séraphim. Si tu te tiens bien au centre, tu as l'éternité en toi, c'est là que tu peux prendre racine "au ciel comme sur la terre". Pour bâtir une église ou un temple il faut être pierre, sois comme le roc et le Christ pourra bâtir sur toi, en toi, son Église. »

Le souvenir de deux églises romanes que j'avais connues en France — celle de Sénanque et celle du

Thoronet — m'aidait beaucoup. À l'extérieur, rien d'extraordinaire, l'ordre humain est bien intégré dans le paysage : harmonie des formes, des pierres et de l'environnement, rien de tendu ou de spectaculaire, comme plus tard dans le gothique. Mais à l'intérieur, quel espace, quelle splendeur d'équilibre fondatrice des plus hauts silences ! Il s'agissait donc pour moi d'être dans une "posture romane". Je pensais aussi à certaines vierges de la même époque — colonne vertébrale droite dans une assise impeccable — qui tiennent sur leurs genoux, contre le ventre et entre les seins, le Dieu-Enfant, lui-même assis sans la moindre langueur enfantine, le corps et le regard droits. *Sedes sapientiae*, le siège de la Sagesse, disait-on de ces vierges. C'est cela que j'avais à devenir, une montagne habitée, un espace-temple, un lieu où la sagesse puisse se poser, se reposer.

Je vécus ainsi plusieurs semaines, le plus difficile étant de rester des heures, des journées "à ne rien faire". Il me fallait réapprendre à être, être tout simplement, sans recherche d'un but ou d'un profit particulier.

Laisser l'Être lui-même méditer en moi comme il sait le faire non seulement dans les pierres les plus précieuses ou les plus beaux temples, mais aussi dans ce granit, légère excroissance sur le flanc de la montagne brûlée par le soleil.

Méditer comme une montagne change le rythme des pensées, mais également le jugement. Il s'agit d'être ce qu'on est "par tous les temps" — chauds ou froids, secs ou humides —, de permettre aux saisons de passer, de nous éroder ou de nous faire fleurir. Voir sans "juger", donner le droit d'exister à tout ce qui pousse, roule, rampe et court sur la montagne ; ainsi devient-on solide, inébranlable quels que soient les coups, les railleries ou les extases des passants.

Cela pouvait néanmoins me conduire à une certaine indifférence, presque de la dureté. C'est alors que le père Séraphim commença à me rouer de coups ; au début je n'osais pas réagir, mais je compris assez vite que je n'étais ni de pierre ni de marbre.

« La méditation doit te donner la stabilité, l'enracinement, la patience des montagnes ; pourtant, le but n'est pas de faire de toi une souche morte, mais un homme vivant. » Me prenant alors par le bras, il me conduisit dans un jardin où, parmi les herbes sauvages, s'épanouissaient quelques fleurs.

« Maintenant, il ne s'agit plus de méditer comme une montagne stérile. Apprends à méditer comme un coquelicot, mais n'oublie pas que tu es une montagne, sur laquelle peut croître le coquelicot... »

• *L'orientation*

Méditer, c'est être dans une bonne posture, voilà le premier pas. Il faut ensuite veiller à son "orientation". Dans la tradition orthodoxe, on parle de *philocalie*, amour de la beauté : celui qui médite doit avoir le cœur, le corps et l'esprit "orientés vers le beau" ; s'il perd cette orientation intérieure et extérieure, il perd "son orient", il est désorienté.

Concrètement, à travers l'image du coquelicot, le père Séraphim voulait me faire comprendre que je devais, telle une fleur ou tel un arbre, rester orienté vers la lumière, la beauté invisible qui nous enveloppe et qui rend toutes les autres beautés visibles. Si l'arbre ne monte pas vers la lumière, il se déracine et il pourrit.

« L'arbre ou la fleur, c'est la colonne vertébrale en toi,

l'Arbre de vie planté au milieu du jardin. Tiens-toi droit. Si tu as de profondes racines, c'est pour nourrir ton élan vers la lumière. La lumière, ce n'est pas seulement ce qui est au-dessus, c'est ce qui est devant, derrière. Tiens-toi droit, dans cet espace de lumière, comme le coquelicot qui rougit au soleil. »

Je fis remarquer au père Séraphim que dans la philocalie, d'après ce que j'avais lu, le moine devait être courbé, le regard tourné vers le nombril et que la posture pouvait être douloureuse. Le staretz me regarda avec malice : « Ça, c'était pour les costauds d'autrefois, ils étaient pleins d'énergie et il fallait un peu les rappeler à l'humilité, les replacer dans leurs limites. Il n'était pas mauvais, pour eux qui se tenaient la poitrine haute, de se courber un peu le temps de la méditation... Mais toi, vu l'état de ta colonne vertébrale, ta tendance à pencher du côté où tu vas tomber, tu as plutôt besoin d'énergie ; alors, au moment de la méditation, redresse-toi, sois vigilant, tiens-toi droit dans la lumière, mais sois sans orgueil... D'ailleurs, si tu observes bien le coquelicot, il t'enseignera non seulement la droiture de ta colonne vertébrale, mais aussi une certaine souplesse sous les inspirations du vent, et surtout une grande humilité... »

En effet, l'enseignement du coquelicot était aussi dans son impermanence, sa fugacité, sa fragilité. Il fallait apprendre à fleurir, mais aussi à se faner. Je comprenais mieux les paroles du prophète : « Toute chair est comme l'herbe et sa délicatesse est celle de la fleur des champs. L'herbe sèche, la fleur se fane, [...] les nations sont comme une goutte d'eau au bord d'un seau, [...] les juges de la terre [...] à peine sont-ils plantés, à peine leur tige a-t-elle pris racine en terre [...] alors ils se dessèchent et la tempête les emporte comme un fétu » (Isaïe XL, 6-24).

Si la montagne peut donner le sens de l'Éternité, le coquelicot enseigne davantage la fragilité du temps : méditer, c'est connaître l'Éternel dans la fugacité de l'instant (un instant droit, bien orienté), c'est fleurir le temps qui nous est donné de fleurir, aimer le temps qui nous est donné d'aimer, gratuitement, sans pourquoi, car pour quoi, pour qui fleurissent les coquelicots ?

« L'amour est à lui-même sa propre récompense », disait saint Bernard. « La rose fleurit parce qu'elle fleurit, sans pourquoi », disait encore Angelus Silesius.

Comme je commençais à “théoriser” un peu mes expériences, le père Séraphim m'entraîna par un chemin abrupt jusqu'au bord de la mer, dans une petite crique déserte : « Arrête de ruminer comme une vache le bon sens des coquelicots... Aie aussi le cœur marin. Apprends à méditer comme l'océan. »

• *La respiration*

Je m'approchai de la mer. J'avais acquis une bonne assise et une orientation droite. J'étais en bonne posture, que me manquait-il ? Que pouvait m'enseigner le clapotis des vagues ? Le vent se leva, le flux et le reflux de la mer se firent plus profonds et cela réveilla en moi le souvenir de l'océan. Le vieux moine m'avait en effet conseillé de méditer comme l'océan, et non pas comme la mer. Comment savait-il qu'enfant j'avais passé de longues heures au bord de l'Atlantique, la nuit surtout, et que je connaissais déjà l'art d'accorder mon souffle à la grande respiration des vagues ? J'inspire, j'expire... puis je suis inspiré, je suis expiré. Je me laisse porter par le souffle, comme on se laisse porter par les vagues... Je faisais ainsi la “planche”, emporté par le rythme des respirations océanes. Cela m’avait conduit parfois au bord d’évanouissements étranges. Mais la goutte d’eau qui autrefois “s’évanouissait dans la mer” gardait aujourd’hui sa forme, sa conscience. Était-ce l’effet de la posture, de mon enracinement dans la terre ? Je n’étais plus emporté par le rythme approfondi de ma respiration. La goutte d’eau gardait son identité, et pourtant elle savait “être un” avec l’océan. C’est ainsi que j’appris que méditer, c’est respirer profondément, laisser être le flux et le reflux du souffle.

J’appris également que s’il y avait des vagues en surface, le fond de l’océan demeurait tranquille. Les pensées vont et viennent, nous écument, mais le fond de l’être reste immobile. Méditer à partir des vagues que nous sommes pour perdre pied et prendre racine dans le fond de l’océan. Tout cela devenait chaque jour un peu plus vivant en moi, et je me rappelais les paroles d’un poète qui m’avaient marqué au temps de mon adolescence : « L’Existence est une mer sans cesse pleine de vagues. De cette mer, les gens ordinaires ne perçoivent que les vagues. Vois comme des profondeurs de la mer d’innombrables vagues apparaissent à la surface, tandis que la mer reste cachée dans les vagues. » Aujourd’hui, la mer me semblait moins « cachée dans les vagues », l’unicité de toutes choses me semblait plus évidente et cela n’abolissait pas le multiple. J’avais moins besoin d’opposer le fond et la forme, le visible et l’invisible. Tout cela constituait l’océan unique de la vie.

Dans le fond de mon souffle n’y avait-il pas la *rouah*, le *pneuma*, le grand souffle de Dieu ?

« Celui qui écoute attentivement sa respiration n’est pas loin de Dieu, me dit alors le père Séraphim. Écoute qui est là à la fin de ton expir, qui est là à la source de ton inspir. » En effet, il y avait là quelques secondes de silence plus profondes que le flux et le reflux des vagues, il y avait là quelque chose qui semblait porter l'océan...

Comment cette attention au souffle — expirer profondément, laisser venir l'inspir — ne me ferait-elle pas penser à votre pratique dans le zen et le bouddhisme ? N'est-ce pas en restant attentif à sa respiration que le Bouddha serait parvenu à l'éveil ? J'inspire doucement, j'expire doucement, observer cela. C'est là une pratique universelle ; heureusement, il n'y a pas que les chrétiens et les bouddhistes qui respirent !

Quand Jésus demande à la Samaritaine d'entrer dans la conscience de son souffle (*pneuma*), il veut la conduire à la Source même de toute vie, quel que soit le lieu (montagne ou temple) où se pratique cette méditation. Le père Séraphim insistait beaucoup sur cette attention au souffle : « C'est l'essentiel de la pratique hésychaste. Prier, ce n'est pas penser à Dieu ; quand tu es avec quelqu'un, tu ne penses pas à lui, tu respires avec lui. Prier, c'est respirer consciemment et profondément, ce n'est pas avoir des pensées sublimes sur Dieu, c'est ne faire qu'un avec son *Pneuma* (Souffle Esprit) qui te traverse.

« Notre vie ne tient qu'à un souffle, c'est le fil qui te relie au Père, à la Source qui t'engendre. Sois conscient de ce fil et va où tu veux. »

• *L'invocation*

« Être dans une bonne assise, être orienté droit dans la lumière, respirer comme un océan, ce n'est pas encore toute la méditation hésychaste », me dit le père Séraphim, tu dois apprendre maintenant à méditer comme un oiseau, et il me conduisit dans une petite cellule proche de son ermitage, où vivaient deux tourterelles. Le roucoulement de ces deux petites bêtes me parut d'abord charmant, mais ne tarda pas à m'énerver désagréablement. Elles choisissaient en effet le moment où je tombais de sommeil pour se roucouler les mots les plus tendres.

Je demandai au père Séraphim ce que signifiait tout cela et si cette comédie allait durer encore longtemps. La montagne, l'océan, le coquelicot, passe encore (quoiqu'on puisse se demander ce qu'il y a de chrétien dans tout cela), mais me proposer maintenant cette volaille languissante comme maître de méditation, c'en était trop !

Le père Séraphim m'expliqua que dans le premier testament, la méditation est exprimée par des termes de la racine *haga*, rendus le plus souvent en grec par *mélété* — *meletan* — et en latin par *meditari* — *meditatio*. En son sens primitif, cette racine signifie “murmurer à mi-voix”. Elle est également employée pour désigner des cris d'animaux, par exemple le rugissement du lion (Isaïe XXXI, 4), le pépiement de l'hirondelle et le chant de la colombe (Isaïe XXXVIII, 14), mais aussi le grognement de l'ours.

« Au mont Athos, on manque d'ours. C'est pourquoi je t'ai conduit auprès de la tourterelle, mais l'enseignement est le même. Il faut méditer avec ta gorge, non seulement pour accueillir le souffle, mais aussi pour murmurer le nom de Dieu jour et nuit... Quand tu es heureux, presque sans t'en rendre compte, tu chantonnes, tu murmures quelquefois des mots sans signification, et ce murmure fait vibrer tout ton corps de joie simple et sereine.

« Méditer, c'est murmurer comme la tourterelle, laisser monter ce chant qui vient du cœur, comme tu as appris à laisser monter en toi le parfum qui vient de la fleur... Méditer, c'est respirer en chantant. Sans trop m'attarder à sa signification pour le moment, je te propose de répéter, de murmurer, de chantonner ce qui est dans le cœur de tous les moines de l'Athos : *Kyrie eleison, Kyrie eleison...* »

Cette idée ne me plaisait guère. Lors de certaines messes de mariage ou d'enterrement j'avais déjà entendu cela, traduit en français par « Seigneur, prends pitié ». Le père Séraphim se mit à sourire : « Oui, c'est l'une des significations de cette invocation, mais il y en a bien d'autres. Cela veut dire aussi “Seigneur, envoie ton Esprit ! Que ta tendresse soit sur moi et sur tous, que ton Nom soit béni, etc.”, mais ne cherche pas trop à te saisir du sens de cette invocation, elle se révélera d'elle-même à toi. Pour le moment, sois sensible et attentif à la vibration qu'elle éveille dans ton corps et dans ton cœur. Essaie de l'harmoniser paisiblement avec le rythme de ta respiration. Quand des pensées te tourmentent, reviens doucement à cette invocation, respire plus profondément, tiens-toi droit et immobile et tu connaîtras un commencement d'hésychia, la paix que Dieu donne sans compter à ceux qui l'aiment. »

Au bout de quelques jours, le *Kyrie eleison* me devint un peu plus familier. Il m'accompagnait comme le bourdonnement accompagne l'abeille lorsqu'elle fait son miel. Je ne le répétais pas toujours avec les lèvres ; le bourdonnement devenait alors plus intérieur et sa vibration plus profonde. Ayant renoncé à “penser” son sens, il me conduisait parfois dans un silence inconnu et je me retrouvais dans l'attitude de l'apôtre Thomas lorsque celui-ci découvrit le Christ ressuscité : *Kyrie eleison*, « mon Seigneur est mon Dieu ».

L'invocation me plongeait peu à peu dans un climat d'intense respect pour tout ce qui existe, mais aussi d'adoration pour ce qui se tient caché à la racine de toutes les existences.

Toutes les traditions qui s'accordent à voir dans l'époque actuelle la fin d'un cycle d'humanité s'accordent également pour affirmer que, dans une telle phase, le meilleur espoir de salut réside dans la méditation du Nom ; c'est la méthode la mieux adaptée à l'homme des derniers temps, la voie la plus sûre...

Selon Joël le prophète : « Quand le soleil se changera en ténèbres et la lune en sang... quiconque invoquera le Nom du Seigneur sera sauvé. »

Pour la tradition soufie, à la fin des temps, l'homme ne pourra accomplir qu'« un dixième de la loi », et ce dixième consiste en l'invocation du Nom.

Dans la tradition hindoue, le Vishnou-Dharma Uttara est formel : « Ce qu'on obtient dans le premier âge (l'âge d'or) par la méditation silencieuse, dans les âges suivants, par le sacrifice et la dévotion, on l'obtient dans le dernier âge (l'âge de fer) en célébrant Kèshava (Vishnou) et encore, dans le Kali-yuga (l'âge sombre), la répétition du Nom de Hari suffit pour détruire toutes les erreurs. »

Shri Ramakrishna allait jusqu'à dire que « le souvenir permanent de Dieu est le dharma. La loi propre à cet âge ».

Certaines formes de bouddhisme considèrent également que dans l'âge présent ce que nous avons à faire est de nous repentir de nos transgressions, de cultiver les vertus et de prononcer le nom du Bouddha Amitâbha.

Dans un monde semé d'obstacles, pleins de subtiles tentations, le Bouddha conseille de « se concentrer sur la récitation de son Nom ».

On pourrait multiplier les références. Il est dit dans le Coran : « Souvenez-vous de moi, je me souviendrai de vous. [...] L'invocation de Dieu est la chose la plus grande. »

C'est ce que disaient déjà les moines d'Égypte et de Syrie, mais aussi le Mahâbhârata : « De toutes les activités humaines l'invocation est la plus haute » (le *japa*).

La Shiva-Samhita ajoute : « Par la répétition du mantra, on gagne la béatitude en ce monde et dans l'au-delà... Reçu d'un Maître, le mantra doit être dit avec grand soin, sans hâte ni retard, d'un cœur confiant et attentif en méditant sur son secret. »

Dans son beau livre sur l'Athos, Jean Biès précise : « On dit en Inde que l'on prend le Nom plutôt que d'entrer en religion ou de prendre l'habit. »

Dans les traditions sémites, le Nom, c'est aussi la Présence, l'Énergie, il ne s'agit donc pas d'invoquer n'importe qui ou n'importe quoi ; de la même façon qu'on devient ce qu'on aime, on devient ce qu'on pense, on devient ce qu'on invoque.

Dans les monastères grecs orthodoxes, l'invocation est généralement *Kyrie eleison* ou, dans les monastères russes, *gospodi pomijul* [*pomiloui*]. Avant de m'introduire à une pratique plus haute et plus silencieuse, plus proche du *abba* qui était pour Jésus la « prière du cœur », le père Séraphim me conseilla de m'arrêter longuement sur l'invocation du Nom de Yeshoua, non seulement parce que dans ce Nom il y a les quatre lettres du tétragramme sacré YHWH, le Nom ineffable, « celui qui Est ce qu'Il Est », mais parce que ce Nom était pour lui, comme pour Maxime le Confesseur, « un archétype de la Synthèse ». C'est le Nom de Dieu et le Nom de l'homme dans un seul Nom, c'est l'Archétype de la rencontre entre l'humain et le divin, le fini et l'infini, l'éternel et le temps.

« En invoquant le Nom de Yeshoua sur la respiration, tu n'oublies pas l'humanité, tu n'oublies pas la divinité, il n'y a pas de Dieu sans l'homme, il n'y a pas d'homme sans Dieu. Le Nom de Yeshoua te ramène sur terre et il t'élève au ciel. En lui rien n'est séparé, ce Nom est créateur d'équilibre, il favorise en toi l'intégration et la synthèse, c'est l'instrument que Dieu nous donne aujourd'hui pour notre *théosis* (divinisation).

« Tu peux invoquer le Nom et en même temps visualiser son Visage, c'est la fonction des icônes que d'éveiller ce visage en toi ; l'icône et le Nom te conduisent vers la Présence souveraine qui pourrait "régner" sur ton cœur. Maintenant, tu sais méditer comme une montagne, comme un coquelicot, comme l'océan, comme une tourterelle, tu peux commencer à méditer comme un être humain, méditer comme Abraham. »

• *Être centré dans le cœur*

Jusqu'ici, l'enseignement du staretz était d'ordre naturel et thérapeutique. Les anciens moines, selon le témoignage de Philon d'Alexandrie, étaient en effet des thérapeutes. Leur rôle, avant de conduire à l'illumination, était de guérir la nature, de la mettre dans les meilleures conditions pour qu'elle puisse recevoir la grâce, la grâce ne contredisant pas la nature mais la restaurant et l'accomplissant.

C'est ce que faisait le père Séraphim avec moi, m'enseignant une méthode de méditation que certains pourraient qualifier de purement naturelle. La montagne, le coquelicot, l'océan, l'oiseau, autant d'éléments de la nature qui rappellent à l'homme qu'il doit, avant d'aller plus loin, récapituler les différents niveaux de l'être, ou encore les différents règnes qui composent le macrocosme : le règne minéral, le règne végétal, le règne animal. Souvent, l'homme a perdu le contact avec le cosmos, avec le rocher, avec les animaux, et cela n'est pas sans provoquer en lui toutes sortes de malaises, de maladies, d'insécurité, d'anxiété. Il se sent "de trop", étranger au monde.

Méditer, c'est d'abord entrer dans la méditation et la louange de l'univers car, selon les pères, « toutes ces choses savent prier avant nous ». L'homme est le lieu où la prière du monde prend conscience d'elle-même ; il est là pour nommer ce que balbutient toutes les créatures. Méditer comme Abraham, c'est entrer dans une nouvelle et plus haute conscience qu'on appelle la foi, c'est-à-dire l'adhésion de l'intelligence et du cœur à ce "Tu" — ou ce "Toi" — qui est, qui transparaît dans le tutoiement multiple de tous les êtres. Telles sont l'expérience et la méditation d'Abraham : derrière le frémissement des étoiles, il y a plus que les étoiles, une Présence difficile à nommer, que rien ne peut nommer et qui a pourtant tous les noms...

C'est le cœur qui peut sentir cela. Il y a là quelque chose de plus que l'univers et qui pourtant ne peut être saisi en dehors de l'univers. La différence qu'il y a entre Dieu et la Nature est la même que celle qu'il y a entre le bleu du ciel et le bleu d'un regard... Au-delà de tous les bleus, Abraham était en quête de ce regard...

Après avoir appris l'assise, l'enracinement, l'orientation positive vers la lumière, la respiration paisible des océans, le chant intérieur, j'étais ainsi invité à un éveil du cœur. « Voici tout à coup que vous êtes quelqu'un. » Le propre du cœur, c'est en effet de personnaliser toute chose et, dans ce cas, de personnaliser l'Absolu, la Source de tout ce qui est et respire, la nommer, l'appeler « Mon Dieu, Mon Créateur » et marcher en sa présence. Méditer, pour Abraham, c'est entretenir, sous les apparences les plus variées, le contact avec cette Présence.

Cette forme de méditation entre dans les détails concrets de la vie quotidienne. L'épisode du chêne de Mambré nous montre Abraham « assis à l'entrée de la tente, au plus chaud du jour », et là il va accueillir trois étrangers qui vont se révéler être des envoyés de Dieu. « Méditer comme Abraham, me disait le père Séraphim, c'est pratiquer l'hospitalité : le verre d'eau que tu donnes à celui qui a soif ne t'éloigne pas du silence, il te rapproche de la source. Méditer comme Abraham, tu le comprends, n'éveille pas seulement en toi de la paix et de la lumière, mais aussi de l'Amour pour tous les hommes. » Et le père Séraphim évoqua le fameux passage du livre de la Genèse où il est question de l'intercession d'Abraham :

« Abraham se tenait devant YHWH, "Celui qui est, qui était, qui sera". Il s'approcha et dit : "Vas-tu vraiment supprimer le juste avec le pécheur ? Peut-être y a-t-il cinquante justes dans la ville, vas-tu vraiment les supprimer et ne pardonneras-tu pas à la cité pour les cinquante justes qui sont dans son sein ?" (XVIII, 23-24).

« Petit à petit, Abraham dut réduire le nombre des justes pour que ne soit pas détruite Sodome. "Que mon

Seigneur ne s'irrite pas et je parlerai une dernière fois : peut-être s'en trouvera-t-il dix" (XVIII, 32).

« Méditer comme Abraham, c'est intercéder pour la vie des hommes, ne rien ignorer de leur pourriture et pourtant "ne jamais désespérer de la miséricorde de Dieu". »

Ce genre de méditation délivre le cœur de tout jugement et de toute condamnation, en tout temps et en tout lieu ; quelles que soient les horreurs qu'il lui soit donné de contempler, il appelle le pardon et la bénédiction.

« Méditer comme Abraham, cela conduit encore plus loin... » Le mot avait du mal à sortir de la gorge du père Séraphim, comme s'il avait voulu m'épargner une expérience par laquelle il avait dû lui-même passer et qui réveillait dans sa mémoire un subtil tremblement : « Cela peut aller jusqu'au Sacrifice. » Et il cita le passage de la Genèse où Abraham se montre prêt à sacrifier son propre fils Isaac. « Tout est à Dieu, continua en murmurant le père Séraphim. Tout est de Lui, par Lui et pour Lui ; méditer comme Abraham te conduit à cette totale dépossession de toi-même et de ce que tu as de plus cher... Cherche ce à quoi tu tiens le plus, ce avec quoi tu identifies ton moi : pour Abraham, c'était son fils, son unique. Si tu es capable de ce don, de cet abandon total, de cette infinie confiance en celui qui transcende toute raison et tout bon sens, alors tout te sera rendu au centuple : "Dieu pourvoira". »

Méditer comme Abraham, c'est n'avoir dans le cœur et la conscience « rien d'autre que Lui ». Quand il monta au sommet de la montagne, Abraham ne pensait qu'à son fils. Quand il redescendit, il ne pensait qu'à Dieu.

Passer par le sommet du sacrifice, c'est découvrir que rien n'appartient au "moi". Tout appartient à Dieu. C'est la mort de l'ego et la découverte du "Soi". Méditer comme Abraham, c'est adhérer par la foi à celui qui transcende l'Univers, c'est pratiquer l'hospitalité, intercéder pour le salut de tous les hommes. C'est s'oublier soi-même et rompre ses attaches les plus légitimes pour se découvrir soi-même, nos proches et tout l'Univers, habités de l'infinie présence de "Celui-là seul qui Est".

Dans la tradition zen, on parle peut-être moins de sacrifice, mais davantage de "lâcher-prise", ou de détachement. N'est-ce pas le suprême détachement qui est demandé à Abraham ? N'est-ce pas aussi le lâcher-prise, ou sacrifice de son ego, de son point de vue "humain, trop humain" pour s'éveiller à une autre dimension, s'éveiller au cœur même du Christ dans le cœur de l'homme ?

Lorsque je demandais au père Séraphim de me parler davantage du Christ et de cet Éveil du cœur, qui dans la tradition est « le centre vital humano-divin », il eut l'air troublé, comme si je lui demandais quelque chose d'indécent, comme s'il lui fallait révéler son propre secret. Plus grande est la révélation qu'on a reçue, plus grande doit être l'humilité pour la transmettre. Sans doute ne se sentait-il pas assez humble : « Cela, ce n'est que l'Esprit-Saint qui peut te l'enseigner. "[...] nul ne sait qui est le Fils si ce n'est le Père, ni qui est le Père si ce n'est le Fils, et celui à qui le Fils veut bien le révéler" (Luc X, 22). Il faut que tu deviennes fils pour prier comme le fils et entretenir avec Celui qu'il appelle son père et notre Père les mêmes relations d'intimité que lui, et cela, c'est l'œuvre de l'Esprit-Saint, il te rappellera tout ce que Jésus a dit. L'Évangile deviendra vivant en toi et il t'apprendra "à prier comme il faut" ».

J'insistais : « Dites-moi encore quelque chose. » Le vieillard me sourit : « Maintenant, dit-il, je ferais mieux d'aboyer. Mais tu prendrais encore cela pour un signe de sainteté. Mieux vaut te dire les choses simplement.

« Méditer comme Jésus, cela récapitule toutes les formes de méditation que je t'ai transmises jusqu'à maintenant. Jésus est l'homme cosmique. Il savait méditer comme la montagne, comme le coquelicot, comme l'océan, comme la colombe. Il savait méditer aussi comme Abraham. Le cœur sans limites, aimant jusqu'à ses ennemis, ses bourreaux : "Père pardonne-leur, ils ne savent pas ce qu'ils font." Pratiquant l'hospitalité à l'égard de ceux qu'on appelait les malades et les pécheurs, des paralysés, des prostituées, des collabos... La nuit, il se retirait pour prier dans le secret et là, comme un enfant, il murmurait *abba*, ce qui veut dire "papa"... Cela peut te sembler tellement dérisoire d'appeler "papa" le Dieu transcendant, infini, innommable, au-delà de tout ! C'est presque ridicule, et pourtant, c'était la prière de Jésus, et dans ce simple mot, tout était dit. Le ciel et la terre devenaient terriblement proches. Dieu et l'homme ne faisaient qu'un... Peut-être faut-il avoir été appelé "papa", dans la nuit, pour comprendre cela... Mais aujourd'hui, ces relations intimes d'un père et d'une mère avec leur enfant ne veulent peut-être plus rien dire, peut-être est-ce une mauvaise image...

« Voilà pourquoi je préférais ne rien te dire, ne pas employer d'image et attendre que l'Esprit-Saint mette en toi les sentiments et la connaissance qui étaient dans le Christ Jésus et que cet *abba* ne vienne pas du bout des lèvres mais du fond du cœur. Ce jour-là, tu commenceras à comprendre ce qu'est la prière et la méditation des hésychastes. »

Il ne faudrait pas opposer la prière du cœur et la méditation avec le hara ; l'important, c'est d'être centré. Comme nous l'avons déjà dit, une vie qui n'a pas de sens est une vie qui n'a pas de centre ; faire toute chose en demeurant centré, cela change tout — et notre regard, et notre façon d'être.

Dans la tradition hésychaste, il s'agit d'être centré dans le cœur, lieu d'intégration du mental et du vital. Le cœur, c'est l'organe de la relation, passer du monde des objets au monde des présences ; la vie n'est plus seulement une énergie anonyme, c'est une Présence.

Quelle que soit ta pratique ou ta méditation,
demande-toi si cette méditation a un cœur,
puis demande-toi si ce cœur est celui d'un homme,
comme Abraham, demande-toi encore si tu oses,
si ce cœur est celui d'un homme en Dieu, ou de Dieu dans l'homme,
demande-toi si ce cœur est celui du Christ ou celui de l'Amour qui vient s'incarner
"pour ton bien-être et le bien-être de tous"...

II

LA VOIE DE LA COMPASSION

Que tous les êtres soient heureux, qu'ils soient en joie, en sûreté, et en santé.

Toute chose qui est vivante, faible ou forte, longue, grande ou moyenne, courte ou petite, visible ou invisible, proche ou lointaine, née ou à naître, que tous ces être soient heureux.

Que nul ne déçoive un autre, ni ne méprise aucun être si peu que ce soit.

Que nul par colère ou par haine, ou par ignorance ne souhaite de mal à un autre, ainsi qu'une mère au péril de sa vie surveille et protège son unique enfant, ainsi avec un esprit sans limites doit-on chérir toute chose vivante.

Aimez chaque être avec tendresse.

Aimez le monde en son entier au-dessus, au-dessous et tout autour sans limitation avec une bonté bienveillante et infinie. Étant debout ou marchant, étant assis ou couché, travaillant ou au repos, tant que l'on est éveillé, il est beau, il est bon de cultiver ce souhait, ce vœu.

Ceci est appelé la suprême manière de vivre.

Meta Sutta

Dans une voie de compassion, on ne médite jamais pour soi-même — ce serait limiter les bienfaits de la méditation —, mais pour le bien de tous. Le plus utile, c'est d'apaiser notre mental. Si nous sommes réellement en paix, un lieu au moins dans le monde est en paix, et l'apaisement de notre esprit se communique à tous les vivants et à la société en général.

Avant de vouloir « faire du bien » aux autres — on verra toute l'ambiguïté de cette expression — il faut savoir dans quel esprit on le fait. L'enseignement des Traditions nous rend attentifs à l'état de notre esprit, à sa vigilance. Nos intentions et nos vœux peuvent être les meilleurs du monde, ils ne suffiront pas si notre esprit n'est pas clarifié, pacifié ; si on utilise un instrument juste avec un esprit faux, il fonctionne de façon fausse.

Il est important de ne jamais séparer l'amour et la connaissance, la compassion et la sagesse ; une sagesse sans compassion reste fermée sur elle-même et ne porte pas de fruits, une compassion sans sagesse est folie et source de souffrance.

1. Qu'est-ce qu'un bodhisattva ?

La *bodhi*, en sanscrit, c'est "l'intelligence", le Bouddha, "l'intelligence éveillée", "l'éveil" ou "l'état d'éveil" ; *sattva*, c'est "l'être" ou "l'essence". Un *bodhisattva* est donc un "être éveillé", un être en éveil, un être sur le chemin de l'éveil, un être à l'état d'esprit éveillé. Différentes interprétations sont possibles.

Dans la tradition bouddhiste, le bodhisattva est celui qui est entré avec détermination sur le chemin de l'éveil, sur un chemin de transformation ; il veut voir clairement ce qui est, la réalité "telle qu'elle est", non seulement pour lui-même mais pour le bien-être de tous, et il n'est pas éveillé tant que tous les êtres ne le sont pas. Il n'est jamais éveillé seul.

Il faudrait ajouter un certain nombre de nuances et de précisions à cette définition : *Un bodhisattva est un être qui ne serait pas effrayé par la multitude des êtres à libérer, par le temps qu'il faudrait pour y arriver, et qui donnerait jusqu'à sa tête et ses membres pour atteindre le grand éveil.* Par bodhisattvas, on entend généralement des êtres qui par leur ascèse, leur transformation, sont parvenus à l'état d'éveil mais ont renoncé à entrer dans la plénitude de cet éveil tant qu'un seul être souffre.

« On n'est jamais sauvé tout seul », dit-on dans la tradition chrétienne. C'est comme si quelqu'un refusait de connaître le paradis, de voir Dieu tant qu'un seul être ne participe pas à cette vision. « Que je sois anathème pour mes frères », dit saint Paul. Tant qu'un seul être ne connaît pas l'Amour incréé et créateur, le fondement de l'être et de la vie, on ne renonce pas à le connaître, mais on renonce à le goûter, à le savourer ; disons qu'on ne peut le connaître et le savourer "pleinement".

Nous sommes ici en présence d'un état de conscience qui n'est pas celui d'un "petit moi", mais d'un état de conscience "cosmique", ouvert à tous les êtres : mon propre corps est le corps de l'univers et si dans cet univers un seul membre souffre, je ne peux connaître la plénitude ou, en termes chrétiens, la béatitude.

Je suis alors sur la voie du bodhisattva.

2. Dhammapada et Évangile

Comment ne pas rapprocher les paroles de Siddhârta Gautama, le Bouddha, de celles de Yeshoua de Nazareth, le Christ ? Il ne s'agit ni de mélanger Dhammapada et Évangile, ni de les opposer. Refusant syncrétisme et sectarisme, nous demeurerons sur la voie du milieu.

Dans la tradition bouddhiste, je me contenterai de transmettre ce que j'ai reçu du Dalaï-Lama lorsque j'étais auprès de lui aux États-Unis, puis ce que j'ai reçu en France de Kalou Rimpotché et de son disciple, Lama Denys Teundroup.

Dans la tradition chrétienne, je me ferai l'écho de ce que j'ai reçu d'une part de la tradition orthodoxe, en particulier au mont Athos — tradition qui nous transmet sans interruption ce que nous ont communiqué non seulement les apôtres, mais les Pères de l'Église, les Pères du désert —, et d'autre part, dans la tradition catholique romaine, chez les dominicains.

Que nous soyons bouddhiste, chrétien ou athée, nous sommes en quête de vérité, sur le chemin de l'éveil. Or l'éveil n'est pas plus la propriété des bouddhistes que l'amour n'est celle des chrétiens ; la réalité n'est la propriété de personne. On entre dans la spiritualité à partir du lieu où l'on se trouve : l'important est de "faire un pas de plus", d'avancer, de devenir meilleur.

« Faut-il faire ceci plutôt que cela, quelle pratique suivre ? ai-je demandé au Dalaï-Lama.

— Tout ce qui te rend meilleur est bien pour toi », m'a-t-il répondu.

C'est simple et plein de bon sens ! La meilleure religion, ou la meilleure pratique, c'est celle qui nous rend meilleurs.

Nous ne sommes pas ici pour dire que les bouddhistes sont mieux que les chrétiens ou les chrétiens mieux que les bouddhistes ; les uns et les autres —bouddhistes, chrétiens, athées —, nous sommes en chemin pour essayer de devenir meilleurs et rendre le monde plus habitable, pour faire en sorte que la vie y devienne "possible".

Si les paroles du Bouddha entrent en résonance avec celles du Christ, c'est qu'il n'y a pas d'autre réalité que la Réalité. Ce qui est vrai pour un bouddhiste doit l'être pour un chrétien, ce qui n'est pas vrai pour un chrétien ne l'est pas non plus pour un bouddhiste. Sinon, de quelle vérité parlons-nous ? Il y a une seule Réalité, mais différentes façons de l'incarner, d'incarner la vie, la conscience et l'Amour.

Nous sommes en chemin vers cette Réalité, mais nous pouvons avoir une affinité avec une pratique plus rigoureuse qu'une autre, plus affective ou plus dévotionnelle, tout en sachant que ce qui est le meilleur pour nous n'est pas forcément le meilleur pour d'autres. Nous n'avons pas à juger si les autres doivent passer par la même pratique, mais ensemble nous pouvons travailler à notre transformation et à celle du monde.

3. Le vœu de compassion

Quel est le vœu de celui qu'anime la compassion ? Est-il sage de consacrer sa vie au bien-être de tous les vivants ? Est-il raisonnable de faire un tel vœu ? Vouloir sauver les autres, n'est-ce pas un rêve, ou même de la mégalomanie ? Quelles sont les motivations et les justifications de ce vœu, intéressées et désintéressées ?

On peut s'occuper du bien-être des autres parce qu'on découvre que notre bien-être s'en trouve accru, et ce n'est pas forcément une mauvaise chose. S'ouvrir aux autres est une façon d'élargir son cœur, son intelligence aussi, c'est peut-être la meilleure façon d'aller "au-delà de l'ego" ; sur le chemin du bodhisattva il y a une justification tout à fait intéressée qui est notre propre libération. Devenir libre et heureux en aimant !

Il est des justifications plus désintéressées. Dans la pratique de la compassion, l'amour gratuit est possible parce que nous avons en nous cette capacité de don, parce que notre véritable nature est Amour et Lumière. Dans le langage du christianisme on dira que nous avons l'esprit du Christ, son Souffle — le *Pneuma*, le Saint-Esprit —, son énergie, et c'est à partir de cette Réalité, "plus nous que nous-mêmes", que nous pouvons travailler au bien-être de tous les vivants.

Vouloir le bien-être de tous les vivants à partir de notre "moi" (moi je veux !) risque d'être fort limité et plutôt catastrophique pour les autres. Vouloir le bien-être des gens selon ce que nous considérons être le bonheur risque d'être un peu difficile. La compassion, cette qualité d'être et d'amour, n'est jamais centrée sur le moi. Ce n'est pas "moi" qui aime parce que le moi, justement, ne sait pas aimer ; avec tous les manques qu'il a accumulés dans sa vie, le moi ne cherche qu'à se préserver, il ne demande qu'à être aimé, sans cesse et toujours plus — ce n'est jamais "assez". Seul le Soi est capable de don et de gratuité.

Il s'agit de s'éveiller à une qualité d'être, de conscience et d'amour qui est notre nature essentielle, de la laisser venir d'abord en nous, puis de laisser grandir cette capacité de don, cette qualité d'éveil, afin que tous nos actes en soient imprégnés.

4. La pratique de la compassion

C'est bien joli d'émettre un vœu, d'être plein de bonne volonté... « Paix sur la terre aux hommes de bonne volonté ! » Mais qu'en est-il concrètement, dans la vie quotidienne ? Quelle est la pratique d'un être qui a choisi la compassion comme règle de vie ?

Cette pratique va consister à développer en nous six perfections :

- le don,
- la discipline, la maîtrise à la fois de l'esprit et des actes (positifs et négatifs), l'observation de nos comportements,
- la patience,
- l'énergie,
- la pratique de la méditation,
- la sagesse.

Méditer, c'est donner de son temps, cela suppose de la discipline, de la patience et beaucoup d'énergie. La méditation peut nous conduire à la sagesse, à l'amour intelligent, à la compassion intelligente, non nuisible. Il faut le répéter : faire usage de compassion avec un esprit non clarifié, non pacifié, ne peut qu'être nuisible. Vouloir le bien-être de tous les vivants avec un esprit non éclairé fait plus de mal que de bien, d'où l'importance de développer en nous ces perfections.

Nous pouvons mettre cette pratique en résonance avec celles qui nous sont proposées dans la tradition chrétienne et que les anciens appellent la *nepsis*, "l'attention vigilante", l'amour éclairé. La pratique de la vigilance nous demande d'avoir l'esprit fluide, non fixé, de "demeurer dans l'ouvert". Si nous avons des difficultés dans nos relations, c'est parce que nous avons des idées les uns sur les autres, nous fixons la personnalité de l'autre dans des émotions, des réactions, nous nous identifions à des "fixations" sensitives, émotives, affectives, intellectuelles...

Ce que la tradition bouddhiste appelle la *bodhicitta ultime*, c'est l'introduction dans notre existence de moments où nous lâchons ces fixations, laissant le flux de la conscience et de la compassion s'écouler à travers nous au lieu de le "figer" dans une forme ou une autre.

Certaines pratiques plus avancées pourront sembler osées à ceux qui ne les connaissent pas, lorsqu'il s'agit par exemple d'échanger "son moi" avec celui de l'autre, d'accueillir en soi toutes les négativités d'un individu, de la collectivité ou de l'univers pour les transformer. Il ne faut pas comprendre cela comme une sorte de masochisme "transcendantal" : prendre sur soi les maux d'autrui ne change rien, cela risque seulement de nous rendre plus malheureux ; mais il s'agit de les prendre dans une certaine attitude afin de les transformer.

Dans la pratique de *Tonglen*, en inspirant on prend en soi les négativités — ne pas faire opposition à ce qui est négatif nous délivre de la peur et de la crainte — tandis qu'en expirant on exprime la positivité, ce qui en nous est meilleur que nous, cette capacité de don, d'éveil et de compassion qui n'est pas nous mais le Vivant en nous.

C'est un travail alchimique, car on ne peut faire évoluer les choses qu'en les acceptant, en les prenant d'abord en soi, non pour les garder mais pour les transformer. Cela suppose la présence en nous du feu de l'énergie transformatrice ; si nous accueillons en nous des immondices, c'est pour qu'elles soient transformées par le feu et que toutes nos planches pourries deviennent flammes vives.

La tradition chrétienne est une tradition du "Serviteur" (cf. Isaïe) : celui qui prend sur lui les maux, les déviations, les nuisances, les péchés du monde pour les transformer. Cette pratique, qui ne recèle rien de masochiste ou de morbide, peut être la nôtre et devenir la condition même de notre propre bonheur et du bonheur d'autrui. Mais elle suppose que nous soyons délivrés de la peur de la souffrance, de la mort, des nuisances, et que nous ayons en nous cette capacité de les transformer.

Il est bon de se rappeler les paroles fondamentales du Bouddha sur lesquelles vont se fonder ces pratiques de compassion : *Ne croyez pas une chose seulement parce qu'on vous l'a dite, parce que d'autres y croient, parce qu'elle relève de la Tradition ou parce que vous l'avez imaginée. Ne croyez pas ce que vous dit votre maître simplement par respect pour lui, mais croyez et prenez pour doctrine et accrochez-vous à ce qui, après un sérieux examen, vous apparaîtra profitable au bien de tous les êtres.* Le Bouddha insiste sur l'importance de l'expérience propre, sur cette exigence à vérifier par soi-même. Les choses ne deviendront fécondes, utiles, que dans la mesure où elles seront devenues nôtres.

C'est aussi l'attitude de Jésus dans l'Évangile : « Venez et voyez ! » Venez voir, expérimentez, vérifiez ! Nous sommes dans une démarche non pas de croyance — il n'y a rien à croire — mais de vérification et de pratique ; il s'agit à la fois d'observer toutes choses avec intelligence et de vérifier dans le concret à quoi cela nous avance, si cela nous fait avancer...

L'ultime critère : "profitable au bien de tous les êtres", est un critère de discernement. Si ce n'est profitable qu'à moi, ce n'est pas encore vraiment utile. Ce que je fais, ce que j'apprends, ce que j'enseigne est-il utile au bien de tous les êtres ? Cela apporte-t-il un peu plus de paix, de bonheur, de vérité, de lucidité à l'humanité, ou au contraire cela ne fait-il qu'ajouter à la confusion, au trouble et au malheur ?

Première règle donc : expérimenter, vérifier, discerner.

« C'est juste et bon si cela profite à tous les êtres » : cette parole essentielle du Bouddha ne relève pas d'une attitude égocentrée, mais d'une attitude "allocentrée" ; une chose n'est utile que dans la mesure où elle profite aux autres, à l'univers.

« Je n'enseigne que deux choses : la réalité de la souffrance et la possibilité d'y échapper », disait encore le Bouddha. Constater que nous ne sommes pas complètement heureux, que nous souffrons, qu'il y a du malheur dans le monde est une réalité que nous ne pouvons pas nier, mais que nous devons accepter et regarder en face si nous voulons ne pas y rester fixé et la dépasser.

Constater la souffrance sans possibilité de la transformer ne change rien ; voir qu'il y a une possibilité d'être heureux sans constater la réalité de la souffrance conduit à l'illusion.

Dans le christianisme, saint Augustin précise qu'« une chose est nécessaire dans la mesure où elle contribue à nous délivrer du malheur et à nous conduire vers la paix ultime » ; toutes les activités qui ne mènent pas au salut, le nôtre et celui de tous, sont adventices, non nécessaires. Le mot salut, *soteria* en grec, veut dire "santé" : santé de l'être, mise au large, libération de l'être. Pour saint Augustin, il est bon, avant d'agir, de s'interroger sur l'utilité de faire telle ou telle chose : Cet acte me fait-il grandir, évoluer ? Est-il utile aux autres (ce sont deux critères fondamentaux) ? Si la réponse est non, il est inutile, je perds mon temps, je m'éloigne du Réel ; cet éloignement, ou cet exil, est souffrance et illusion.

« Lorsque tu reçois une flèche dans le bras, te demandes-tu qui a envoyé la flèche, quelle est la nature de son bois, ou te préoccupes-tu de soigner ta blessure ? » répond le Bouddha à la question qui lui est posée sur l'origine du mal et de la souffrance. Nous ne sommes pas là pour nous poser la question de savoir d'où viennent la souffrance, le mal et l'existence, mais pour constater que nous avons mal et nous demander comment faire pour atténuer cette souffrance en nous et dans le monde.

Que le dogme établisse que le monde est éternel ou non, il reste quand même la naissance, la vieillesse, le chagrin, la misère, le deuil et le désespoir, toutes ces réalités de l'existence humaine, et c'est de leur extinction dans la vie présente que je me préoccupe. Spéculer sur l'éternité du monde et sur son origine n'est pas mauvais en soi, mais comment faire cesser les souffrances dans lesquelles nous sommes ? Comment sortir de ces impasses ? C'est de cela qu'il faut se préoccuper. Nous n'avons pas d'énergie et de temps à perdre avec des questions insolubles et oiseuses, mieux vaut les utiliser au salut et au bien-être de tous les vivants.

5. Les impuretés de l'esprit

« Nous sommes ce que nous pensons et ce que nous sommes dépend de l'état de notre esprit, de l'état de notre conscience. Nos pensées font le monde dans lequel nous vivons, celui qui parle et agit avec un esprit malade, la souffrance le suit comme la roue suit le sabot du bœuf qui tire le char », dit le Dhammapada. Sur la voie de la compassion, l'attitude de notre esprit est d'une extrême importance, car le monde tel qu'il existe dépend de la façon dont nous le concevons et l'interprétons. Changer le monde, c'est changer d'état d'esprit !

Nous sommes là au cœur de l'Évangile, c'est-à-dire de la "métanoïa" — *métanoïa*, en grec, c'est aller au-delà du *noùs*, changer de *noùs*, de conscience, ce que l'on traduit par « Convertissez-vous ! », autrement dit : changez de mental, changez votre interprétation du monde, votre façon de le voir. Changer de regard, c'est changer de monde !

Dans notre vie quotidienne, les choses sont ce qu'elles sont ; c'est la façon dont nous les voyons qui fait que nous sommes heureux ou malheureux. De même, les gens sont ce qu'ils sont, et c'est la façon dont nous les regardons qui nous cause de la souffrance ou au contraire provoque une amélioration, une transformation.

Entrer dans un chemin de compassion et d'amour, c'est convertir notre esprit, transformer notre regard, entrer dans un processus de *métanoïa.* Car notre pensée influence le monde dans lequel nous vivons — non seulement notre monde subjectif, mais également les structures du monde. Elle s'incarne dans des gestes, dans des actes, et si elle n'est pas purifiée, nettoyée, les actes ne pourront être purs, justes.

Ces moments de méditation, d'observation de soi-même ne sont pas simplement pour soi, mais pour le bien-être de tous : un esprit malade ne peut qu'ajouter à la misère du monde. Avant d'aimer il faut chercher à ne pas nuire par notre pensée, notre état d'esprit. Respecter les autres avec cette volonté de non-nuisance est sans doute le premier acte d'amour que l'on puisse offrir à quelqu'un — *ahimsa*, la non-violence, que l'on pourrait traduire par "non-nuisance".

Ne pas nuire, c'est transformer le monde à partir de nous-même, à partir des pensées, des émotions, des sentiments sur lesquels nous avons un certain pouvoir ; sinon, nous vivrons dans la projection, dans les désirs, les répulsions qui nous animent, et ajouterons ainsi davantage de souffrance.

« De même, mes amis, qu'une étoffe sale et maculée, trempée par le teinturier dans n'importe quelle couleur, qu'elle soit bleue, jaune, rouge ou orange, cette couleur restera une couleur sale, une couleur terne. Pourquoi cela ? Parce que, mes amis, l'étoffe est sale. De même, quand l'esprit est impur, de malheureuses conséquences doivent être attendues.

« De même, ô mes amis, qu'une étoffe pure et propre,

trempée par le teinturier dans n'importe quelle couleur, qu'elle soit bleue, jaune ou rouge, restera d'une couleur propre, d'une couleur nette. Et pourquoi cela ? Parce que l'étoffe est propre. De même, amis, quand l'esprit est pur, d'heureuses conséquences doivent être attendues », disait le Bouddha.

Quelles sont les impuretés de l'esprit ? « La cupidité et la convoitise sont des impuretés de l'esprit, la méchanceté, la colère, la malveillance, l'hypocrisie, le dénigrement, la jalousie, la tromperie, la ruse, l'obstination, l'impétuosité, la présomption, l'arrogance, la suffisance, la négligence sont des impuretés de l'esprit. »

Ces attitudes sont les nôtres et nous rappellent que notre esprit n'est pas si clair que cela. Si nous voulons retrouver notre véritable nature, nous devons travailler à la purification, à la simplification, à l'apaisement de toutes ces impuretés. Tout cela n'est pas nous. Le travail de purification, d'ascèse, ne consiste pas à vouloir changer quelque chose à ce que nous sommes, mais à devenir réellement ce que nous sommes, à enlever de nous tout ce qui n'est pas nous, toutes ces mémoires qui se sont collées à nous, toutes ces expériences qui font que nous réagissons de telle ou telle manière face aux événements.

Nous sommes sur un chemin où il n'y a rien à inventer, où il n'y a qu'à retrouver notre véritable nature, à dégager notre essence de tout ce qui l'entrave et notre esprit de tous ces paquets de mémoires qui l'obscurcissent. Tant que nous ne verrons pas les choses telles qu'elles sont, nous ne pourrons pas les aimer telles qu'elles sont ! Qu'est-ce que nous aimons au juste quand nous prétendons aimer quelqu'un ? Nous aimons une projection, une image, une représentation conforme à nos conceptions limitées, à nos mémoires passées ;

nous ramenons l'autre dans notre moule, dans nos petites catégories, mais nous ne l'aimons pas tel qu'il est.

La qualité de la compassion et de l'amour dépend de la qualité de notre esprit et de notre regard ; sagesse et compassion ne peuvent être séparées. Dans la tradition chrétienne on appellera cela la purification du cœur : si notre cœur n'est pas pur, notre amour n'est pas juste. On retrouve chez tous les anciens moines ce travail de purification du cœur, et les impuretés énumérées par le Bouddha sont les mêmes que celles citées par Évagre le Pontique, Jean Cassien et tous les Pères du désert. Pour que notre compassion soit vraie, nous devons passer par le travail de purification du cœur.

Question : Le désir est-il une impureté ? Est-il mauvais ?

Il faut d'abord distinguer les différentes expériences que recouvre le mot "désir" : désir égocentré, désir pour soi ; le vœu du bodhisattva est un désir, désirer le bien-être de tous les vivants est un désir !

Le désir le plus noble est sans doute le désir de l'Autre en tant qu'Autre, celui qui ne demande pas à être comblé, qui n'est pas pour soi ; mais il y a aussi un désir fait de besoins et de demandes. Peu de personnes ont accès au noble désir. En général, ce que nous appelons le désir est un besoin ou une demande, et dans le bouddhisme le mot est souvent pris dans ce sens. Ce n'est pas le "désir du bien-être de tous les vivants", ce "désir de l'autre en tant qu'autre", désir intime qui nous habite parfois, rarement, parce que justement nous avons des besoins à combler, des demandes qui exigent une réponse.

Il est important d'entrer dans des moments de vide, des moments de vacuité où l'on ne pense pas, où l'on ne s'identifie pas à ce que l'on pense, où l'on ne pense rien de l'autre... Ce qui empêche la fluidité dans la relation avec l'autre, ce sont les pensées qu'on a sur lui. Pour pratiquer la compassion, il est indispensable de ne pas enfermer l'autre dans nos pensées, du moins à certains moments ; dans la disponibilité, la vacuité ainsi créée, l'autre pourra être ce qu'il est.

Celui dont l'esprit n'est pas purifié ne peut vivre que dans la souffrance et engendrer de la souffrance ; celui qui parle et agit avec un esprit sain, clair, purifié peut connaître le bonheur pour lui-même et le communiquer aux autres. Mais pas n'importe quel bonheur ! Pas ces petits bonheurs, ces petites sécurités qui sont des réponses à nos besoins ou à nos demandes. Le bonheur, c'est peut-être la réponse à ce désir très intime, très mystérieux, par lequel nous désirons le bien-être de tous, la réalisation et la libération de tous les êtres. Que tous les êtres soient heureux !... « Que tous les êtres soient sauvés. Qu'ils Te connaissent Toi, la Réalité, l'Ultime », dit-on dans le christianisme.

Comme le Christ, le Bouddha disait : « Avant d'entrer dans ce chemin de compassion, changez d'esprit, veillez sur votre esprit. De cela va dépendre la qualité de ce que vous pourrez faire, de ce que vous pourrez donner aux autres. Sinon, tout sera plus ou moins empoisonné et n'ajoutera que du poison au poison. »

Jésus disait : « Ne jugez pas pour n'être pas jugés ; de la façon dont vous jugez on vous jugera. » Qu'est-ce que ça veut dire ? Que nous enfermons le monde dans nos jugements, dans notre façon de voir, et c'est cela qui nous juge, qui révèle ce que nous sommes. Nos réactions, nos jugements sont des miroirs où nous pouvons seulement nous reconnaître — pour voir "l'autre", il faut traverser le miroir.

« Un jour vécu dans la sagesse et la méditation vaut mieux que dix années vécues dans l'ignorance et la paresse ; un jour vécu dans la sagesse et la méditation vaut mieux qu'un siècle vécu dans la luxure et la débauche ; un jour vécu dans la sagesse et la méditation est ce qu'il y a de plus profitable pour le bien-être de tous les vivants. » L'apaisement de notre esprit, le travail sur nos projections, la simplification de notre être, de notre regard, non seulement tout cela vaut mieux que dix années vécues dans l'ignorance, ou un siècle vécu dans la débauche, mais c'est aussi ce qu'il y a de plus utile pour le monde ; il y a là des germes d'apaisement pour l'humanité tout entière.

Dans le contexte bouddhiste on dira qu'une juste méditation peut effacer une vie de mauvais karma. Le mauvais karma, c'est la conséquence des actes négatifs accumulés dans cette vie ou dans des vies passées, dans cette mémoire qui encombre nos gènes, notre code génétique — ce n'est pas nécessairement une vie antérieure individuelle, c'est la mémoire de l'humanité.

Par une simple méditation, un vrai silence, nous pouvons nous alléger de ce paquet de mémoires, nous libérer de notre passé et du passé de l'humanité, être neufs. Un moment de méditation juste peut nous faire sortir de cet enchaînement des causes et des effets, nous sortir du temps "passé-avenir". La méditation nous remet dans l'axe de ce qui est au-delà du temps, de ce qui déborde le temps. Le Bouddha a insisté sur ce point : « Ne vous souciez pas de vos vies antérieures ou de vos vies futures, occupez-vous du moment présent. Ne soyez pas soucieux de votre passé ou de votre avenir, soyez soucieux de votre éternité. » Pourquoi se faire tant de souci pour notre avenir et si peu de souci pour notre éternité ? « Ne vous retournez pas en arrière et ne vous préoccupez pas du lendemain », disait Jésus.

La libération, ou l'éveil, est ce qui remet l'histoire du monde, des hommes et de l'univers dans l'axe vertical de la Vie essentielle. Ce sont bien sûr des termes trop spatio-temporels : ce n'est ni en haut ni en bas, mais cela "ouvre" le monde de la causalité, de l'enchaînement des causes et des effets, au monde du non-né, du non-fait, du non-créé — le monde de la liberté.

Un jour vécu dans la sagesse et la méditation peut être une occasion pour nous de sortir de l'ignorance, de cet enchaînement de la cause et de l'effet, et si en nous un espace s'ouvre sur un au-delà du moi, de l'histoire et du monde, c'est comme une percée, comme une brèche de lumière dans le monde. Ce qui fera dire aux Pères du désert : « Un saint est comme une écharde dans la chair de l'histoire. » Il est comme une blessure de lumière qui fait que le monde n'est pas fermé sur lui-même, que notre être n'est pas simplement destiné à mourir. Si le monde est limité à lui-même, tout ce qui est né mourra, tout ce qui est composé sera décomposé. Notre univers lui-même est en train de se décomposer ; il reste peut-être encore cinq milliards d'années à vivre, mais ce qui a commencé finira.

Le rôle de la méditation et de la métanoïa, c'est de créer dans ce monde pour la mort, dans cet être qui est fait pour mourir, une ouverture vers ce qui demeure, vers l'éternel, le non-temps, le non-créé. Cela peut sembler un peu difficile à imaginer, mais il ne s'agit pas de l'imaginer, il s'agit de s'ouvrir à cela. La méditation est l'instrument qui permettra que cela devienne Réalité dans l'expérience.

Le Bouddha disait : « En vérité la haine ne s'apaise jamais par la haine. La haine s'apaise par l'amour, c'est une loi éternelle. » Et le Christ : « Bénissez, ne maudissez pas, aimez vos ennemis. » C'est là une observation, il n'y a rien à croire, il faut vérifier. La haine ne peut qu'engendrer la haine. En revanche, l'amour, la patience peuvent transformer quelque chose de cette haine : « Vaincs la colère (sois plus fort que la colère) par l'amour, le mal par le bien, conquiers l'avare par la générosité et le menteur par la vérité », disaient les Pères du désert, et saint Paul : « Dis la vérité, ne t'abandonne pas à la colère, donne le peu que tu possèdes à celui qui te sollicite. » On peut enchaîner avec l'Évangile : « Quelqu'un te demande-t-il de faire un mille ? Fais-en deux. Te demande-t-il ta tunique ? Donne aussi ton manteau. » Lorsqu'on est libre (ni crispé ni attaché), on laisse le flux de la vie et de l'amour couler à travers soi, alors se manifeste l'essence même de l'être, l'essence même de la générosité qui nous habite. C'est une expérience qui vaut la peine d'être vécue.

« Ne vous occupez pas des fautes des autres, ni de leurs actes, ni de leurs négligences, soyez plutôt conscients de vos propres actes et de vos propres négligences. » « Qu'as-tu à regarder la paille qui est dans l'œil de ton frère, ne vois-tu pas la poutre qui est dans le tien ? » Que l'on cite le Dhammapada ou l'Évangile, il y a du Réel à vivre, un peu plus que du bon sens.

Nous nous empoisonnons la vie et le regard à toujours voir ce qui va mal chez les autres parce que nous nous en imprégnons. Enlaidir le monde, c'est s'enlaidir soi-même. C'est l'image dans le miroir, le miroir reflète ce vers quoi il regarde. « On devient ce que l'on regarde, on devient ce que l'on aime », cela ne fait pas de doute ; d'où l'importance de veiller à l'orientation de notre miroir interne. C'est le commencement de la pratique.

« "Il m'a insulté, il m'a frappé, il m'a humilié, il m'a volé", ceux qui vivent dans de telles pensées vivent dans le ressentiment et la douleur ; "il m'a insulté, il m'a frappé, il m'a humilié, il m'a volé", ceux qui n'entretiennent pas de telles pensées demeurent dans la paix. » Le mot clé, c'est *entretenir.* Être frappé, insulté, humilié ne dépend pas de nous ; ce qui dépend de nous, c'est d'entretenir ou non cette idée qu'il m'a humilié, qu'il m'a frappé, qu'il m'a fait du mal.

On ne peut éviter certaines circonstances et aventures désagréables de notre existence, elles en font partie ; l'important est de ne pas entretenir la douleur. Si nous n'entretenions pas nos souffrances, nos pensées et les ressentiments que réveille en nous cette douleur, elle pourrait diminuer.

On peut rapprocher cela d'une parole de l'Évangile : « Que ta main droite ignore ce que fait ta main gauche. » C'est aussi vrai des souffrances qui peuvent nous arriver que du bien que nous pouvons faire. Vivre les choses sans ego, cela revient à dire qu'il n'y a pas de "moi" pour entretenir la souffrance, pour ajouter de la douleur. Avant de faire le bien, la question primordiale est : Comment ne pas ajouter de la souffrance, comment ne pas nuire ? Parce qu'à la source de la nuisance — ce qui ajoute à la douleur — il y a le moi, le mental, une pensée qui s'ajoute à l'événement.

« Que votre oui soit oui, que votre non soit non », ou plus exactement, en latin d'abord : « *Est, est, non est, non est* », et en français : « Ce qui est est, ce qui n'est pas n'est pas. » Cette parole est attribuée au Christ, et six siècles avant lui le Bouddha l'utilisait pour définir le *nirvāna* : « Voir les choses telles qu'elles sont ; cela est, cela est, cela n'est pas, cela n'est pas. »

La voie de la compassion est celle d'un homme ou d'une femme qui cherche avec fermeté l'éveil, la non-souffrance, le bonheur, non seulement pour lui mais pour les autres, qui essaie de se libérer de ses dispositions égotiques — lesquelles consistent à voir toute chose par rapport à soi —, de ce "moi" qui n'est jamais satisfait et qui demande sans cesse, qui exige toujours plus.

6. Les cinq motivations

• *Le « désir des dieux »*

Si l'on s'intéresse à une voie spirituelle, c'est pour sortir du mal-être et de la souffrance : on ne se sent pas bien et on ne comprend pas d'où vient ce mal-être ; déçu par toutes sortes de recherches, on tente une nouvelle voie qui nous sortira peut-être de la souffrance ; en s'occupant des autres plutôt que de soi, peut-être souffrira-t-on moins. Si s'occuper uniquement de soi nous laisse toujours insatisfaits et ne nous apporte pas le bonheur, c'est peut-être que nous nous fourvoyons. Nous sentons bien que le bonheur ne dépend pas seulement de nous, qu'il appartient à une conscience infiniment plus vaste. Nous sommes ici dans une attitude égotique : n'étant pas heureux, pas en paix, nous cherchons à combler un manque.

La tradition tibétaine appelle cette première motivation le « désir des dieux », la nostalgie du paradis perdu. Et cette nostalgie n'est pas sans lien avec la mère ou le sein maternel, la recherche d'un état indifférencié ; elle est de l'ordre du besoin. Nous cherchons le paradis ou l'état qui le symbolise — l'état des divinités bienveillantes, dans le contexte du bouddhisme —, sans problèmes ni soucis. Cette motivation est légitime, mais elle n'est qu'une étape.

• *Le désir d'éveil*

Notre motivation peut ensuite s'affiner, devenir plus profonde. Au-delà du désir d'un bonheur absent, au-delà de la non-souffrance et de la paix que nous aimerions atteindre, au-delà du bonheur d'un ego, d'un "moi" qui a réalisé un certain nombre de choses, il y a en nous un désir d'évolution, un désir d'éveil. Ce que nous commençons à chercher, et qui va se réveiller en nous pour nous conduire au-delà du moi, c'est un bonheur plus vaste. Dès qu'on élargit l'espace de sa tente, l'ego devient poreux, il s'ouvre davantage.

Cette expérience est aussi d'ordre physique : lorsque vous avez mal aux reins par exemple, si quelqu'un à vos côtés met ses mains sur vos reins en vous disant : « Donne-moi ta souffrance, sors des limites de ton corps », vous sentirez votre douleur s'apaiser, comme si elle se transformait, se pacifiait dès qu'elle cessait d'être enfermée dans le corps. Il est bon de s'en souvenir quand on accompagne un malade ou un mourant. En lui offrant, par le contact et la présence, une ouverture de son ego et de son moi corporel, nous permettons à quelque chose de se dégager, de s'ouvrir au bien-être, d'être soulagé.

Être dans une attitude de compassion, c'est être capable de recevoir, d'accueillir la souffrance que l'autre nous donne. Car on ne prend pas la souffrance, on offre la possibilité de sortir de soi, de cet enfermement dans lequel se cultive la souffrance.

• *Le désir « désintéressé »*

La troisième motivation, c'est cette même aspiration à l'éveil, mais sans souci de perfectionnement personnel, car le désir d'être sans ego est encore un désir de l'ego : un "moi" qui veut être mieux que le moi ! C'est une attitude caricaturale que l'on rencontre parfois chez des personnes qui se croient très avancées sur le chemin spirituel : « Moi je n'ai plus d'ego ! » On peut parler de "matérialisme spirituel", d'"inflation subtile" : le moi se prend pour le Soi, la grenouille se fait aussi grosse que le bœuf.

Dans cette troisième attitude, on ne veut même pas être sans ego, se sentir bien ou connaître l'éveil... Non ! Cela naît du bonheur et du désir d'être plus heureux. Lorsqu'on s'engage sur la voie, il est bien et juste d'avoir envie de sortir de la souffrance et de connaître le bonheur, mais au fur et à mesure qu'on avance, on s'aperçoit que le fait même de désirer le bonheur est une entrave au bonheur, que désirer l'éveil est peut-être justement ce qui nous empêche de nous éveiller.

C'est au cœur du désir de bonheur et de non-souffrance qu'on va découvrir que le désir du bonheur ultime de l'éveil est encore "égocentré", que l'idée que nous nous faisons du bonheur et de l'éveil peut nous empêcher de le goûter au moment où il se présente. Le bodhisattva est toujours dans cette impulsion intérieure, mais sans souci de son propre éveil, de son propre perfectionnement ou de réalisation individuelle. Son but reste l'éveil, mais dénué de tout intérêt personnel ; il se met à la disposition des autres. Est-il possible de ne pas chercher son intérêt personnel ? Nous sommes rarement dans cette spontanéité désintéressée, notre motivation de départ est toujours mélangée.

• *La « gratuité »*

Il arrive un moment où l'on éprouve vraiment du plaisir à faire les choses pour autrui, sans penser à soi, spontanément. Il y a dans notre désir quelque chose qui ne cherche pas à être comblé, qui ne cherche même pas à être heureux : c'est le désir de l'autre dans son altérité même. On touche alors à l'essence du désir dans ce qu'il a de plus profondément humain, de presque divin, et l'on est en dehors des limites du fonctionnement d'un "moi" ordinaire. Dans notre mode habituel de fonctionnement, nous sommes gentils, nous faisons le bien pour en recevoir, c'est donnant, donnant ! Dès que nous sortons de ce fonctionnement s'opère une mutation de l'esprit, une transformation du cœur qui nous rend capables d'agir et de faire les choses gratuitement pour l'autre, sans souci de soi.

Il s'agira d'éveiller en nous cette motivation, d'entrer peu à peu dans ce vœu. Quand on rend service à quelqu'un on peut rarement s'empêcher d'éprouver une certaine autosatisfaction (Je fais le bien !), une sorte de contentement intérieur parfois très subtil ! Introduire le vœu de bodhisattva, c'est dire : « Je fais cela pour rien, gratuitement, pour l'amour de l'être, pour laisser être le Vivant en moi. » Et on touche là à une qualité d'un autre ordre : la gratuité. Face à un acte difficile, désagréable, se souvenir qu'on le fait librement et pour rien réveille et fait appel en nous à une qualité d'énergie qui n'est pas celle de l'ego, qui n'est pas celle du "moi".

Dans le contexte bouddhiste, on fait le bien pour avoir un bon *karma* : les actes néfastes entraînant des conséquences néfastes, faire du mal à autrui revient à se faire du mal à soi-même. « Ce qu'on sème, on le récolte ! » dit l'Évangile... La nuisance, le mal, le malheur que nous avons semés nous reviendront un jour ou l'autre, même si dans l'instant nous connaissons la réussite ! Nous pouvons vérifier cela dans notre existence : les actes non justes que nous avons posés à un certain moment nous reviennent, parfois quelques années plus tard, et ils se répètent jusqu'à ce que nous les ayons transformés.

Le premier motif, c'est de ne pas nuire pour ne pas se constituer un mauvais karma. Positif ou négatif, rien ne se perd. Agir avec bonté, avec générosité, avec patience, c'est se constituer un bon karma pour se préparer une renaissance dans un monde meilleur ou pour ne plus revenir dans l'espace-temps, pour sortir du monde de la cause et de l'effet et rejoindre la béatitude, le *nirvāna*, l'état de pure et claire lumière. Ces motivations intéressées ne peuvent être niées, elles restent dans la logique des lois de la cause et de l'effet.

• *Partager*

Une autre motivation est à placer dans le cadre des motivations intéressées : « Si les êtres vivants connaissaient les fruits de la récompense finale de la générosité et des donations comme je les connais, ils ne voudraient certes plus cesser de donner aux autres, de partager avec les autres, même leur dernière bouchée de nourriture. » Bouddha prend l'exemple de la nourriture, mais on peut y ajouter d'autres réalités : tout ce que je possède, si je ne le partage pas, je ne peux le goûter dans son essence. Je peux être heureux tout seul, mais moins bien ; je peux regarder un paysage tout seul, c'est évident, mais je le goûterai mieux accompagné de la présence et du regard de l'autre ; je peux vivre sans toi, mais peut-être un peu moins bien...

On peut vivre sa propre libération en travaillant sur soi, mais on la vivra moins intensément si l'on se ferme aux autres. Le Bouddha lui-même fait remarquer que cette ouverture aux autres est l'une des conditions de notre bonheur, de notre progrès dans cette vie et les suivantes. Il ne fait pas directement appel à cette qualité intérieure de gratuité, mais énumère un certain nombre de considérations pour dire à quel point faire du bien aux autres revient à se faire du bien à soi-même. Aimer son prochain comme soi-même, c'est le traiter comme soi-même. Traiter l'autre avec le même soin qu'on porte à son propre corps ne peut que profiter à notre propre corps — soigner l'autre, c'est soigner un membre de soi-même, c'est une vision non égocentrée, non enfermée dans le moi.

7. Les quatre considérations

• *La même famille*

La première considération est peut-être la plus étrangère aux Occidentaux : cette personne que j'aurais tendance à haïr était peut-être mon père, ou ma mère dans une autre vie... Il est difficile de trouver un être qui n'ait pas été mon père, ma mère, mon frère, ma sœur, ma fille... dans une vie antérieure ! Nous sommes dans un contexte où la famille est infiniment précieuse.

Quand, pour expliquer ce qu'est un bodhisattva, le Bouddha donne l'exemple de la mère qui prend soin de son enfant, c'est parce qu'elle est la meilleure image de l'amour gratuit ; la mère cherche avant tout, spontanément et naturellement, le bien de son enfant. Nous connaissons bien sûr des mères qui ont eu des enfants pour elles, pour produire un objet aimant, pour être aimées... On n'a pas toujours des enfants pour eux-mêmes ; on les a pour soi, pour raccommoder un couple, pour produire quelqu'un qui nous donne l'amour que nos parents ne nous ont pas donné...

Quand la tradition bouddhiste parle de l'importance du rôle de la mère ou du père, il s'agit vraiment d'un bon père et d'une bonne mère — pour certains, ces images seront peut-être difficiles, douloureuses même. Quand le Bouddha dit : « Fais attention à cette personne parce que c'est peut-être ta mère », cela signifie qu'il ne faut pas faire de mal à celle qui te veut le plus grand bien.

Question : Si on sait que cela nous fait du bien, est-ce que cela n'empêche pas que l'on fasse mieux du bien à l'autre ?

Il faut accepter les deux, accepter que cela nous fasse du bien et que cela fasse du bien à l'autre. Pourquoi opposer, puisqu'il n'y a plus l'un et l'autre ? Il faut voir les choses progressivement.

Il y a un moment où le mur entre moi et l'autre se dissout : « se faire du bien et faire du bien à l'autre » devient alors une fausse question parce que l'autre et moi ne faisons qu'un ; c'est la même vie qui anime nos deux corps. Faire du bien à l'autre, c'est vraiment se faire du bien à soi-même ; faire du bien à soi-même, c'est vraiment faire du bien à l'autre — on se découvre soi-même relié à l'univers.

Nous sommes reliés, inter-reliés. La physique contemporaine parle de l'interconnexion de toutes les choses. Faire du bien à un élément de l'univers, c'est effectivement faire du bien à tout l'univers ; faire du bien à un arbre, c'est faire du bien à mon être végétal. Nous ne sommes pas séparés les uns des autres. Détruire l'environnement, c'est nous détruire et détruire le monde. Soulever un brin d'herbe, c'est déranger une étoile. Ce n'est pas uniquement de la poésie, c'est de la physique.

L'argument donné par le Bouddha est un peu différent : il fait appel à la sensibilité, à l'émotion des personnes, n'imaginant pas qu'un enfant puisse faire du mal à sa mère ou qu'une mère puisse faire du mal à son enfant. Lorsqu'il dit : « Essaye de penser que les êtres que tu rencontres ont peut-être été ta mère, ton frère, etc. », cela signifie que nous sommes tous de la même famille

La compassion a quelque chose de maternel, ou de paternel. Nous pouvons éprouver toutes ces nuances de sentiments et en conclure que nous sommes effectivement de la même famille sans pour cela avoir besoin d'imaginer que cette personne devait être notre sœur ou notre frère dans une vie antérieure, et qu'il faut donc se montrer prudent. Un homme me disait un jour : « J'ai découvert que la femme que j'ai épousée était ma sœur dans une vie antérieure, c'est très mal ! Il faut que je choisisse quelqu'un qui soit vraiment ma femme... »

L'explication par les vies antérieures peut certes résoudre quelques-uns de nos problèmes, mais elle peut aussi les compliquer. Ce que le Bouddha semble indiquer, c'est que nous faisons tous partie de la même famille. Il réveille en nous des sentiments fraternels ou maternels, sentiments qui, selon lui — à moins d'être malade ou terriblement malheureux —, ne peuvent pas faire de mal à autrui.

• *Communauté de destins*

La deuxième considération qui selon lui peut nous pousser vers la voie de compassion, c'est que nous partageons la même destinée : ce que j'éprouve, l'autre peut l'éprouver, la souffrance que l'autre subit, je peux la sentir parce que moi aussi je suis un être fragile qui a eu mal, moi aussi j'ai connu l'absurdité, la violence, la mort, et de ce fait, quand quelqu'un vit cela je peux le comprendre à partir de mon expérience : nous partageons la même destinée.

Rien de ce qui est humain ne nous est étranger. La profondeur de notre compassion est proportionnelle à ce que nous avons vécu. Je crois que quelqu'un qui se connaît vraiment ne juge plus les autres, parce qu'il a vu en lui les sources du mensonge, les sources du crime ; les nuisances de cet autre que l'on dit menteur, voleur, criminel, il les voit comme quelque chose qui appartient à son humanité, comme une souffrance qui l'atteint parfois.

« Lui n'a pas souffert, il ne peut pas comprendre ! » Il y a quelque chose de vrai dans cette réflexion : il faut avoir souffert pour bien comprendre la souffrance, il faut avoir eu faim pour savoir ce qu'est la faim, il faut avoir été enfermé pour connaître la douleur de l'enfermement, il faut avoir failli sombrer dans la folie pour savoir quelle souffrance elle est. Seul le semblable connaît le semblable.

Les bons thérapeutes sont ceux qui ont été malades et ont recouvré la santé, mais ce n'est pas le fait qu'ils aient souffert qui change les choses. Si une personne vous dit qu'elle a mal et que vous lui répondez : « Moi aussi », cela ne la soulage pas. Nous noyer ensemble ne nous fait pas atteindre l'autre rive ! Ce qu'il faut, c'est rejoindre chacun là où il est et accueillir sa souffrance, pour lui donner un peu de la force de guérison qui nous a permis d'en sortir, qui fait qu'aujourd'hui nous sommes peut-être sur l'autre rive, que nous souffrons moins et qu'au cœur de l'absurdité nous connaissons un peu de paix.

« Considérant les autres comme vous-même, ne faites pas de tort. » C'est l'enseignement du Dhammapada, et aussi celui de l'Évangile.

• *La précarité de l'existence*

La troisième considération pouvant nous aider à nous occuper davantage des autres et un peu moins de nous-mêmes, c'est la sensation de la précarité de notre existence. Nous sommes des êtres de passage dans un monde transitoire. Pourquoi se faire tant de souci pour ce qui ne durera pas ? « Mon coffre-fort ne pleurera pas le jour de mon enterrement ! » En se décrispant de ce à quoi on est attaché, on devient libre, on devient capable de donner et de recevoir.

Cette expérience de l'impermanence que nous partageons tous éveille un certain "humour", un certain recul face aux événements. On ne peut pas prendre les choses trop au sérieux, même lorsqu'elles sont graves. La souffrance de cette personne qui se tord de douleur est bien sûr tragique, mais elle aussi est impermanente !

N'ajoutons pas à la souffrance notre goût de la tragédie, cela nous évitera de l'exalter ou de la "fixer". N'entrons pas dans l'émotion de l'autre, n'ajoutons pas notre douleur à sa douleur : « Je souffre comme tu souffres. »

Il faut à la fois l'accueillir et ne pas s'identifier à elle. La considération de l'impermanence peut nous aider à obtenir cette sérénité : cette souffrance ne durera pas toujours.

Il faut aimer son prochain comme soi-même, mais aussi s'aimer soi-même comme un autre ; prendre soin de l'autre comme de soi-même et prendre soin de soi comme s'il s'agissait d'un autre. Parler à nos membres douloureux et à nos cellules malades comme si nous étions le corps aimé d'un autre, c'est une bonne technique qui rejoint certaines pratiques contemporaines. « Je suis malheureux, c'est un mauvais moment à passer, mais il passera. » Quand on est dans la souffrance, on ne voit pas d'issue, on a l'impression que cela durera toujours, que c'est sans fin. Pourtant, même si elle dure, la douleur n'est pas éternelle. Tout passe.

La considération de l'impermanence de toutes choses nous aidera à moins nous attacher à notre propre bonheur, parce que lui aussi est impermanent : nous voudrions qu'il dure et le voir s'échapper nous rend malheureux. Il ne faut pas non plus prendre trop au sérieux nos douleurs et la douleur de l'autre. Ce n'est en rien de l'indifférence : si on ne prend pas suffisamment de recul on risque d'être emporté, noyé par la souffrance. Rien n'est destiné à durer dans un monde composé qui va se décomposer. Le monde lui-même n'est pas destiné à durer, ni les étoiles, ni le système solaire. Pourquoi s'y attacher, pourquoi idolâtrer les choses ?

Dans le langage biblique, on ne parle pas d'impermanence, mais d'idolâtrie. Le danger de l'idolâtrie, c'est de prendre pour Dieu, pour l'Absolu, quelque chose qui a une vie totalement relative. Le bonheur et la souffrance font partie de ces réalités relatives. La détente qui résultera de cette prise de conscience nous rendra plus "efficaces". Si nous ne nous attachons pas au bonheur, nous serons plus heureux, nous l'accueillerons avec plus de gratitude quand il se présentera. Si nous considérons la présence de l'autre comme un dû (il ne vient pas me voir... elle ne m'écrit pas...), nous serons malheureux : l'autre ne peut pas toujours répondre à notre attente et à nos besoins. Si au contraire l'autre ne nous doit rien, quand il nous écrit, quand nous pouvons le rencontrer même peu de temps, nous goûterons pleinement l'instant.

Considérer que le bonheur et le malheur font partie de l'impermanence va éveiller en nous à la fois une qualité de compassion et une qualité de présence aux souffrances de l'autre : cette personne que je soigne ne sera pas toujours dans cet état de souffrance, je peux faire quelque chose pour qu'elle aille mieux. Quand on dit d'un schizophrène qu'il ne s'en sortira pas, c'est manquer du sens de l'impermanence. Cette structure pathologique douloureuse appartient au temps : elle aussi est impermanente et une personne peut vivre mieux avec elle. L'important est de ne pas chosifier les êtres, de ne pas les fixer dans tel ou tel comportement, dans telle ou telle attitude. Méfions-nous des "étiquetages" qui tiennent lieu de diagnostics !

Quand on accompagne un mourant, il est important de savoir que s'il meurt c'est qu'il est mortel et qu'il est dans sa nature de mourir. Il ne s'agit pas de l'abandonner, mais de lui permettre de mourir dans les meilleures conditions possibles. Pourquoi faire comme s'il était immortel ? C'est lui mentir et se mentir aussi à soi-même. Certains médecins donnent parfois l'impression de croire que leurs patients ne devraient pas mourir : comme si la mort ne faisait pas partie de la vie, comme si ce passage, cette transformation d'un être impermanent n'était pas aussi quelque chose à vivre le mieux possible, et qu'on vivra justement avec moins de douleur si l'on accepte de mourir.

Parmi les étapes précédant la mort évoquées par Elisabeth Kübler-Ross, il y a ce moment où l'on accepte l'idée que l'on va mourir : alors quelque chose dans le corps et le psychisme se détend, cesse de souffrir, s'ouvre à un au-delà de l'être mortel et impermanent ; on ne s'identifie plus à l'organisme psychophysique et à son inévitable devenir.

Nous sommes impermanents, nous partageons la même vie de souffrance et de bonheur, nous appartenons à une même famille. La vie est courte, à quoi bon nous empoisonner l'existence ? Pourquoi se faire souffrir ?

• *La nature de bouddha*

Une autre considération, plus haute, consiste à voir que la nature de l'Éveil est présente en tout être, que « nous partageons tous la nature de bouddha ». Autrement dit : il y a de l'Incréé au cœur de la créature, il y a du divin dans l'humain.

Il faut sortir de la peur, du rejet et de la protection, cette attitude du "moi ordinaire" qui pollue en général nos rapports avec autrui. Si on développe cette attitude d'accueil et d'ouverture, l'autre cessera d'être un étranger menaçant, parce qu'on verra sa nature de bouddha, sa potentialité d'éveil ; on le regardera comme un être divin. « Tout ce que vous faites au plus petit, c'est à moi que vous le faites », disait le Christ. Voilà pourquoi celui qui marche dans la voie de la compassion regarde l'autre dans ce qu'il a de meilleur, dans ce qu'il a de plus pur.

Un bon thérapeute ne regarde pas "seulement" la maladie, mais aussi tout ce qui est en bonne santé chez un malade. L'expression « prendre soin de l'Être », chez les thérapeutes d'Alexandrie, peut sembler paradoxale car elle revient à dire : « Il faut soigner Dieu dans l'autre ! » Soigner Dieu... qu'est-ce que cela peut bien signifier ? Soigner Dieu dans l'autre, c'est croire et expérimenter que l'autre va guérir à partir du point de santé qui est en lui. Quand on parle de la nature de bouddha en nous, il s'agit de ce quelque chose en nous qui n'est pas malade, déjà éveillé, non né, non conditionné. Nous sommes déjà sauvés, déjà guéris, en bonne santé, mais nous ne le savons pas, nous n'en faisons pas l'expérience — l'expérience du salut (*soteria*), c'est l'Esprit saint en nous.

Ce n'est pas le médecin qui guérit, mais la nature. Le thérapeute, quel qu'il soit, met la personne qui souffre dans les conditions qui permettront à la nature de la soulager. C'est l'Être qui guérit de l'intérieur. Cela suppose de la part du thérapeute, ou de celui qui est sur un chemin spirituel — celui qui travaille au bien-être de tous les vivants —, de savoir que le bien-être est déjà là, que ce n'est donc pas lui qui l'apporte.

Nous devons nous le répéter chaque fois que nous soignons quelqu'un : nous n'allons pas guérir la personne, nous allons simplement créer les dispositions les plus favorables pour que puisse opérer ce qui est sain en elle. Ce n'est pas nous qui allons apporter ce qu'il y a de plus précieux, car cela se trouve déjà dans la personne. « Il y a au milieu de nous quelqu'un que nous ne connaissons pas », il y a au cœur de nous une dimension de vie, de plénitude, de paix, que nous n'avons jamais goûtée.

Cette considération nous permet de soigner les autres sans désespérer, car le désespoir nous guette sur ce chemin. Quand on voit toutes les souffrances du monde, on se dit qu'on n'y arrivera jamais ! Il faut pourtant croire que la santé sera la plus forte, que le bonheur aura le dernier mot ; mais cela suppose une certaine expérience de l'Éveil ou de la libération (*soteria*) chez celui qui accompagne une personne qui souffre.

Dans la tradition chrétienne, on parle de l'esprit du Christ, de la nature du Christ, de l'être du Christ : « Là où je suis, je veux que vous soyez aussi... Tout ce que vous faites aux plus petits d'entre les miens, c'est à moi que vous le faites. » C'est parfaitement clair : quand on fait quelque chose à quelqu'un, on ne le fait pas seulement à ce quelqu'un qui est là, on le fait aussi au Christ qui est en lui, qui est son "Je Suis" essentiel. Tout être, quel qu'il soit, est porteur de la nature du Christ, de la nature divine. Dans tout être il y a cette Présence de ce qui est libre, de ce qui est sauvé ; on peut alors agir sans être désespéré : quand on fait quelque chose de l'extérieur, cela "coopère" aussi de l'intérieur.

D'où l'importance de la prière dans tous les actes que l'on pose, appeler chez l'autre la Présence, le réveil de son Esprit, parce que c'est de l'intérieur qu'il peut être guéri. Face à certaines maladies mentales difficiles, douloureuses, on sait qu'on ne peut rien de l'extérieur ; tout ce qui est dit ou fait risque au contraire de conforter le délire. Mais on peut appeler à l'intérieur de celui qu'on accompagne l'Être qui sait le guérir et le sauver : cette forme de prière s'appelle intercession.

Si, étant bouddhiste, nous voyons un individu comme porteur de la nature de bouddha, il nous est possible de communiquer avec lui, de ne pas avoir peur de lui. Si, étant chrétien, nous voyons le Christ présent dans chaque être que nous rencontrons, cela nous rassure, et dans cette confiance non naturelle nous pouvons devenir efficaces. Vérifiez ! Si vous reconnaissez avec le cœur le Christ en quelqu'un de particulièrement désagréable, qui vous dit des choses infâmes, voyez ce qui se passe... C'est assez curieux et tout à fait bénéfique pour les deux !

Il faut donc non seulement voir l'impermanence qui est en chacun de nous, savoir que nous sommes tous "embarqués" dans le même univers et dépendants les uns des autres — que nous le voulions ou non —, mais aussi prendre en considération qu'il y a en nous quelque chose de libre, de non conditionné, de non dépendant : cela peut nous aider à travailler à notre éveil et à l'éveil de l'autre. Dans cette attitude, nous prenons conscience de ce qui est bon à la fois pour l'autre et pour nous ; c'est la doctrine du double bienfait : se faire du bien, c'est faire du bien aux autres, et réciproquement.

Avant de vouloir sauver une personne, il faut prendre soin de soi comme partie intégrante d'un tout, prendre soin de notre corps, ce peu de matière qui nous a été donné, cette parcelle d'univers qui nous a été confiée et dont nous sommes responsables, mais pas comme une partie fermée sur elle-même — cela, c'est l'impasse. Lorsque nous prenons soin de l'autre parce que lui aussi appartient au tout que nous sommes, alors se manifeste le double bienfait. L'amour de soi et l'amour de l'autre deviennent un seul et même amour. Il n'y a pas deux amours, il y a l'amour qui aime l'autre et, dans cet amour, on s'éveille à une dimension de bonheur.

On peut s'aimer soi-même, mais pas pour soi-même... S'aimer soi-même pour soi-même, c'est se rendre incapable d'être heureux ; s'aimer soi-même pour les autres, pour le monde, pour la vie du monde est peut-être la clé du bonheur pour soi-même, mais aussi pour les autres : l'ego, la structure mentale dans laquelle nous étions enfermés, s'ouvre, la communication entre moi et l'autre s'installe, pas à pas nous découvrons l'unité de tous les êtres vivants.

Une certaine intelligence nous est donnée. Il s'agit de la cultiver et de l'apaiser. Peut-être avez-vous senti la différence ? La posture reste la même, on est dans le même silence, mais selon que l'on médite pour soi ou avec cette ouverture vers les autres, vers l'univers, la qualité intérieure change. Sur la voie de la compassion, on insistera sur le fait que l'on ne médite jamais pour soi, car cette méditation pourrait être encore un moyen de construire sa bulle, de renforcer son ego. Même dans la tradition zen, qui insiste sur la posture, on retrouve ce vœu de bienveillance à l'égard de tous les êtres.

Avant d'entrer dans la posture et de demeurer dans une méditation silencieuse, le laïc prononce ce vœu : « Aussi nombreux que soient les êtres, je fais le vœu de les conduire tous à l'éveil ; aussi nombreuses que soient les souffrances et les passions, je fais le vœu de les vaincre toutes ; aussi nombreux que soient les *dharmas* (les exercices) à accomplir, je fais le vœu de tous les accomplir ; aussi difficile que soit la voie du Bouddha vers l'éveil, je fais le vœu de la parcourir jusqu'à son terme. » Évidemment cela fait beaucoup... et l'ego peut encore récupérer cela !

Il est important d'y revenir, il ne s'agit pas de vouloir faire du bien à l'autre — nous connaissons cette petite phrase quelquefois entendue et subie, ou qu'il nous arrive de surprendre sur nos propres lèvres : « C'est pour ton bien ! » Nous savons tout le mal que peuvent faire ces mots... Dans la genèse du caractère d'un certain nombre de tyrans, on remarque beaucoup de parents qui veulent faire le bien de leurs enfants (cf. Alice Miller) ! Sur la voie de la compassion, il ne s'agit pas de faire le bien de l'autre contre son gré, mais de le faire sans l'imposer ou, mieux encore, de « faire du bien sans vouloir faire du bien ». Il faut veiller à toujours être dans cette attitude où rien n'est imposé : il suffit pour cela de s'ouvrir à une qualité d'être et d'énergie qui souhaite le bonheur de l'autre, mais uniquement dans la forme qui est la meilleure pour lui.

Question : le Christ s'est mis en colère contre les marchands du Temple, Moïse s'est mis en colère... Est-ce que les hommes d'aujourd'hui ne font pas un mauvais usage de la maison du Père ? À quel moment peut-on ou doit-on se mettre en colère ? Le bodhisattva se met-il en colère ?

Sans parler du Christ, de Moïse ou du bodhisattva, regardons nos propres colères et voyons ce qui les provoque. L'enfant se met en colère parce qu'il n'obtient pas ce qu'il veut, il est malheureux parce qu'on lui résiste et que les choses ne viennent pas au moment où il les attend ; il y a irritation, c'est la colère d'un "moi". Ce type de colère est généralement lié à l'immaturité : on ne supporte pas que l'autre soit différent, qu'il nous résiste ou que les choses n'aillent pas comme nous le voulons.

Devant l'injustice, on sent monter en soi un autre type de colère. Quand on voit quelqu'un se faire piétiner, être méprisé, il y a en effet deux possibilités : soit ne rien dire, ne pas réagir — cela n'a rien à voir avec la non-violence, la bonté, la compassion, mais beaucoup plus avec la lâcheté —, soit au contraire s'exprimer avec force, sur un ton proche de la colère, qui serait beaucoup plus juste. Cette colère est celle d'un bodhisattva ou de quelqu'un comme le Christ ; ce n'est pas la colère d'un "moi" qui s'irrite, mais la colère du Soi, de l'Amour bafoué, humilié.

Aimer quelqu'un ne consiste pas toujours à être gentil avec lui, cela peut aussi consister à le secouer. Je crois que si le Christ se met en colère à ce moment-là, c'est justement parce qu'il aime les hommes, aussi bien les marchands qui ne sont pas à leur place que ceux qu'ils empêchent de venir prier — ce parvis était le lieu où les non-juifs avaient le droit de venir prier. Cette colère rappelait donc que la méditation et la prière n'étaient pas réservées à quelques élus, mais que tout homme y avait droit.

Quelle est l'origine de notre colère ? Est-ce le moi qui défend son territoire, ou est-ce le bien-être de tous les vivants qui est en cause ? Face à une injustice intolérable, le bodhisattva se met en colère, mais cette colère ne laisse pas de trace en lui, pas de trouble, alors que lorsque nous nous mettons en colère — nous crions, pleurons, cassons — nous gardons longtemps cela à l'intérieur, nous ruminons, nous nous sentons "ulcérés" jusque dans notre corps.

Question : Dans le monde d'aujourd'hui, ne faut-il pas se mettre en colère ?

Il n'y a pas de "il faut" ou "il ne faut pas", il suffit de ne pas se mentir à soi-même. Dans certaines situations, la colère est l'attitude juste ; dans d'autres, elle ne l'est pas, parce qu'elle ne fait qu'ajouter à la violence. Dans le premier cas, celui où l'on veut vraiment le bien de l'autre, la colère "débloque" le conflit et fait prendre conscience ; dans le deuxième cas, elle ne fait qu'ajouter au trouble, envenimer le conflit.

Question : Quelle est l'articulation entre ce que vous dites et la dimension politique de l'homme ?

Je ne peux pas répondre à cette question de façon générale, car cela supposerait qu'il y a quelque chose qui est bien en soi ; or je suis justement en train de dire qu'aucune chose n'est bonne ou mauvaise en soi. Je ne vous dis pas que se mettre en colère est bien ou mal ! L'attitude juste est celle qui s'ajuste. Si je vous disais : « Cette attitude est juste et celle-là injuste », ce serait vrai dans certaines situations, faux dans d'autres !

C'est pourquoi parler de non-violence de façon générale et dogmatique peut être dangereux et l'occasion de beaucoup de lâcheté. Certaines personnes utilisent le langage de la non-violence pour se dispenser d'agir avec compassion, avec force et équité. La compassion, c'est aussi la force ; vivre cette compassion demande une grande énergie. Jésus a dit : « Bienheureux les doux », il n'a pas dit : « Bienheureux les "mous" » !

En ce qui concerne l'articulation entre ce climat de bienveillance, de compassion intérieure, et les décisions politiques, il y a sans cesse des choses qui demandent à s'ajuster et ce n'est pas commode ! Ce qui a été bon à un moment donné peut être mauvais à un autre. Nous sommes sur une voie où le mental — ce qu'il faut faire, ce qu'il ne faut pas faire — doit rester toujours prêt à se remettre en question devant la situation réelle.

Question : Si vous étiez en 1940, sachant ce que vous savez aujourd'hui, quelle serait votre attitude face à Hiltler ?

Je n'en sais rien. Peut-être l'aurais-je tué, peut-être pas, il m'est impossible de le savoir ! Il est facile aujourd'hui de dire ce qu'il fallait faire ou ne pas faire, mais nous ne sommes plus "en situation", comme l'étaient les hommes et les femmes de cette époque.

L'important, c'est d'éveiller en nous une qualité de vigilance, de présence au présent, à ce qui est, pour demeurer dans une attitude juste. De la même façon, après une formation où il a été expliqué ce qu'il fallait faire ou ne pas faire lorsqu'on accompagne un mourant, si on arrive avec ces idées dans la situation précise, ce que l'on a prévu ne marchera pas, parce que ce n'est pas ajusté.

Ce soir par exemple, peut-être allons-nous rencontrer quelqu'un de dangereux, de criminel ; il ne s'agira pas de le laisser faire sous prétexte qu'on a suivi un stage sur la compassion et dire : « J'ai de la compassion pour toi, je te laisse faire tout ce que tu veux. » Non ! « J'ai de la compassion pour toi, je ne veux pas que tu deviennes pire que tu n'es et il y a peut-être quelque chose à faire pour t'empêcher de nuire. » Il faut mettre certaines personnes hors d'état de nuire. Mettre quelqu'un en prison n'est pas forcément mauvais ; il est arrivé qu'on me dise : « Fais quelque chose ! Fais-moi enfermer parce que je vais tout casser, je vais faire du mal. »

Un acte de compassion, c'est "faire quelque chose",

mais je me garderai bien de dire quoi, parce qu'il n'y a que des cas particuliers. On pourrait prendre ainsi chaque chose grave de l'existence, l'avortement ou l'euthanasie, toutes ces choses dont on dit : « C'est bien, c'est mal ! » Dans certaines situations, c'est néfaste, destructeur, dans d'autres cela évite un plus grand mal.

Nous sommes sur une voie où n'y a plus de généralités. Les généralités sont là pour essayer d'éclairer notre jugement : l'attitude juste sera celle qui s'ajustera le mieux à la situation précise. C'est un accord entre ce que je pense vraiment et ce qui est dans mon cœur, travaillé, disposé à une qualité de compassion, mais non séparé de la vérité et de la justice ; l'amour sans la justice risque d'être un amour sentimental et émotif, non pas un amour créateur de meilleures conditions de vie pour tous.

C'est pourquoi il faut tenter de se rapprocher de cette attitude où on fait le bien sans vouloir faire le bien ; il peut même arriver qu'on fasse du bien sans le savoir ! C'est dans ces moment que nous sommes les meilleurs : ce qui passe à travers nous est mieux que nous, ce n'est pas le "moi limité qui veut faire le bien", mais cette nature, cette énergie, cet esprit qui, à travers nos gestes, à travers nos actes, se déploie.

Lorsqu'on dit vouloir travailler à la libération de tous les êtres, au bonheur de tous les êtres, il faut préciser qu'on n'a jamais le droit d'imposer aux autres ce que dans les limites de notre ego, de notre "moi", nous considérons comme le bonheur. Je veux dire qu'il faut faire du bien sans l'imposer, l'autre est libre... l'amour est respect de la liberté de l'autre !

On peut se trouver dans une situation où l'on veut soigner, aider, ou aimer quelqu'un qui ne le veut pas.

Peut-on aimer quelqu'un contre son gré ? Pouvez-vous aimer quelqu'un qui ne vous aime pas ? Je crois que c'est tout à fait possible, mais il n'a pas besoin de le savoir. Or, dans notre vie quotidienne, quand on aime quelqu'un, on veut qu'il le sache — parce qu'on attend quelque chose en retour.

On peut écouter les paroles du Bouddha, ou les paroles de l'Évangile, comme une leçon de morale, mais je crois qu'il faut plutôt les sentir comme des expériences qu'il nous revient de faire. On a tendance à entendre ce que dans la tradition hébraïque on appelle les commandements, des "il faut", "il ne faut pas", alors que littéralement ce sont des *mistvot*, c'est-à-dire des "exercices", des pratiques à expérimenter et à vérifier. Expérimenter que le simple fait de vouloir le bien de l'autre — même si on ne sait pas ce qui est bien pour lui, mais avoir en soi cette volonté de bienveillance — va nous rendre plus heureux.

Sur la voie de la compassion, ne croyez rien sur parole ; ne croyez que ce qui pour vous est juste, que ce que vous avez vérifié. Cela vous aidera à avancer, à devenir meilleur et à rendre le monde un peu plus paisible, un peu plus vivable. Le vœu du bodhisattva est un engagement intérieur, l'engagement que l'on se fait à soi-même, qui consiste à faire passer d'une certaine façon les autres avant nous-mêmes, le bonheur de l'autre avant notre propre bonheur.

8. Trois attitudes : le roi, le passeur, le berger

Dans la tradition bouddhiste tibétaine, il y a trois types de bodhisattva, que nous pourrions définir comme : le roi, le passeur, le berger, qui correspondent à trois attitudes.

Il y a d'abord celui qui, voulant travailler au bien de tous les êtres, se dit : « Il faut que je commence par devenir roi de moi-même, que j'établisse la paix en moi ; ensuite, je pourrai m'occuper des autres. » Il s'occupe de lui en vue de s'occuper des autres ; il est bien sur la voie de l'éveil et du bien-être de tous les vivants, mais cela commence par lui. Le passeur mène les deux objectifs de front : il est en chemin, embarqué, et avance vers l'autre rive, mais avec les autres. Enfin la troisième attitude, celle du berger, consiste à se préoccuper exclusivement des autres, à les faire passer avant, refusant de connaître l'éveil tant que tous ne sont pas dans l'éveil. Nous pouvons retrouver en nous ces trois attitudes, plus ou moins fortes.

L'image employée par le Christ est celle du berger. Chez saint Paul, Thérèse de Lisieux et un certain nombre de saints du christianisme, revient constamment ce refrain : « Je ne veux pas connaître Dieu, je ne veux pas connaître la paix et le paradis tant qu'un seul être n'est pas entré dans cette paix et cette connaissance. » Cela est lié à un état de conscience particulièrement éveillé. Tant qu'il y a de la violence, du dégoût, du désespoir dans un seul être, une partie de mon être reste désespérée, souffrante, je ne suis pas complètement heureux.

Si, dans la méditation, nous sommes parfois traversés par des désespoirs, des tristesses qui ne sont pas obligatoirement les nôtres, c'est que nous acceptons de nous rendre poreux, perméables à la souffrance de l'univers. Ainsi ne peut-on être tout à fait heureux même dans une démarche de méditation, de paix et de tranquillité.

Comment est-il possible de connaître ces moments de dépression et de dégoût après tout le travail qui a été fait ? Parce que dans notre méditation on ne travaille pas seulement sur son corps et sur son mental, mais aussi sur le corps de l'univers et on peut ressentir la souffrance de l'autre comme étant la sienne.

Ce faisant, on ne se crispe plus sur sa petite souffrance, on l'offre, participant ainsi au bien-être de l'univers. Quand on vit une maladie ou une dépression non comme la sienne propre, mais comme celle de l'univers — cela paraît un peu grandiloquent, mais ça ne l'est pas au niveau de l'expérience — on rejoint les êtres qui subissent la même souffrance. Accueillir cette souffrance avec patience, avec paix, ne profite pas simplement à soi mais à tous ; et si l'on arrive à s'en sortir, beaucoup s'en sortiront avec nous. On est là dans l'attitude du passeur et on peut parfois toucher tout ce qu'il y a de sagesse dans cette décrispation sur notre propre histoire, sur notre petite souffrance, laquelle a souvent tendance à nous submerger.

Un bodhisattva, c'est quelqu'un qui vit dans l'esprit de ce vœu, qui cultive des qualités lui permettant de sentir son corps comme infiniment plus vaste. Faire le vœu de bodhisattva, c'est renoncer à ses propres limites, à son enfer, à son enfermement, c'est sentir qu'il y a en soi plus grand que soi, que l'autre est en nous-mêmes.

On rejoint une parole de l'Évangile qui est l'une des clés de l'Évangile : « Qui veut sauver sa vie la perdra, celui qui la perd à cause de moi la trouvera. » La paléontologie nous offre une bonne illustration de cette parole : les animaux qui se sont préservés, qui n'ont pas risqué leur vie, ont eu tendance à se scléroser, à se fossiliser, il n'y a pas eu d'évolution. Cela est vrai aussi dans les affaires : celui qui veut conserver son bien risque fort de le perdre, car l'argent se dévalue ; au contraire, l'argent qui circule, qui est donné, peut d'une certaine façon "produire".

C'est là une loi ontogénétique fondamentale : la loi de la transformation de l'être. « Si le grain de blé en terre ne meurt pas, il reste seul et ne porte pas de fruit » ; le gland qui ne pourrit pas ne se transforme pas, il restera en terre et ne produira pas de chêne. Contrairement à ce qu'on peut penser, ceux qui ne prennent pas le risque de se perdre, de se donner, se détruisent : c'est une loi naturelle... Seule la mort du "moi", de l'ego, peut permettre au Soi de vivre.

Entrer dans cette voie de la compassion demande une profonde confiance en la possibilité même de ce cheminement. Voilà pourquoi le point de départ est cette foi en la nature de bouddha, en la nature de l'éveil, en la nature divine, en la nature du Christ en nous. Cette confiance va naître de la compréhension de deux choses :

• Il faut d'abord comprendre que notre mal existentiel vient des luttes passionnelles de notre ego, qu'à l'origine de tout ce qui nous fait du mal et introduit le malaise dans le monde il y a cette présence de l'ego, du "moi" qui s'affirme aux dépens de l'entourage.

Il serait intéressant d'en voir les conséquences économiques. Dans son livre *Le Bonheur liberté*, Serge-Christophe Kolm part de ces enseignements pour essayer d'établir un lien avec l'économie actuelle. Il fait remarquer qu'une économie fondée sur le profit par l'accumulation des biens pour chacun ne peut conduire qu'à une impasse : à des conflits, des guerres, la destruction de la société. Dans des termes politiques et économiques, il redit ce que le Bouddha disait autrement : à la source des souffrances du monde, du mal-être social aussi bien que cosmique, il y a cette folie de l'ego qui s'affirme aux dépens des autres. L'attitude du bodhisattva qui veut le bien des autres est une façon de se guérir de cela et d'en guérir aussi la nature et la société ; c'est un premier élément de compréhension.

• Le deuxième élément consiste à comprendre qu'en chacun de nous la nature de bouddha offre une possibilité d'émancipation : s'il n'y avait pas en nous un non-né, non-fait, non-créé, il n'y aurait pas d'issue pour ce qui est né, fait et créé ; s'il n'y avait pas en nous cet espace, cette liberté, cette vacuité, nous ne serions que des êtres destinés à la mort, et la mort aurait le dernier mot. C'est parce qu'en nous quelque chose n'est pas composé, et ne sera donc pas décomposé, parce qu'en nous existe de l'incréé qu'il y a une issue à ce monde destiné à la mort.

Dans son langage, Maître Eckhart ne parle pas de non-né, non-fait, non-créé, mais de l'incréé, cette dimension dans l'être humain, dans l'histoire humaine, ce quelque chose qui n'appartient pas à l'espace-temps. S'il n'y avait pas cette ouverture, nous serions en enfer, enfermés dans le cycle des répétitions, de la loi de la cause et de l'effet. Il s'agit d'affirmer qu'il y a une issue, sinon à quoi bon travailler au bien-être de tous les vivants ? Autant ne rien faire, ce serait le moindre mal !

9. Les six perfections ou les six paramitas

Comment sortir de ces mécanismes du fonctionnement ordinaire de l'ego : protection-défense, possessivité-captation, de cette attitude qui consiste à toujours prendre et garder pour soi ce qui est jugé bon et à exclure ce qui est jugé mauvais ? Le comportement égotique habituel est une attitude fermée : d'une part on cherche sans cesse à se protéger et à se défendre, d'autre part on veut posséder plus, capter.

C'est l'attitude égocentrée : « J'appelle cela bien parce que cela me plaît, j'appelle cela mal parce que cela ne me plaît pas. » Dans le livre de la Genèse, ce mode de conscience est symbolisé par l'arbre de la connaissance du bien et du mal, responsable de notre chute. C'est l'arbre de la connaissance égocentrée : je vois toute chose, tous les événements par rapport à moi et je me pose moi-même comme juge, comme critère de ce qui est bien et de ce qui ne l'est pas. L'arbre de Vie est au contraire l'arbre de la connaissance "théocentrée" : je vois les choses non par rapport à moi mais par rapport à l'Être, que cela me plaise ou non... l'Être fait être cela, le moi n'a pas à intervenir comme juge de ce qui est bien et de ce qui est mal.

On retrouve ces deux possibilités dans la terminologie du livre de la Genèse : fonctionner avec l'ego au centre et voir toute chose par rapport à lui ou fonctionner avec l'Être au centre et laisser l'Être être ce qu'il est, quels que soient les conditionnements liés à nos mémoires et nos réactions. Dire « cela me plaît, cela ne me plaît pas » correspond à une attitude de crainte. Ce sont les craintes de l'ego qui lutte continuellement pour se défendre — la somme d'énergie dépensée à vivre constamment sur la défensive est vraiment étonnante. Cette peur conduit à se replier sur soi, à s'enfermer dans ce cocon égotique qui nous étouffe.

Pour s'engager sur la voie de la compassion, il faut croire à la possibilité de vivre, de travailler, d'aimer, d'être autrement que dans une attitude de défense, de protection, de peur et de possessivité. Le travail du bodhisattva commence par cette observation du fonctionnement habituel qui est défense, protection, peur et possessivité.

Comment en sortir ?

Cela commence en affirmant que c'est possible ! Il n'est pas évident de réveiller en nous cette foi — souvent on démissionne : « Je ne m'en sortirai pas, c'est la souffrance, la violence, la bêtise qui auront le dernier mot. » Cet acte de courage, de foi, de confiance suppose que le fonctionnement de l'ego n'est pas le seul possible, qu'on n'est pas obligé d'avoir peur, de se protéger, de toujours chercher et vouloir avoir plus. Un autre mode de fonctionnement est possible.

Il est possible dans la mesure où l'on adhère à la nature de bouddha, où l'on agit non à partir du "moi" mais à partir de l'éveillé, ou du Christ, qui est en nous : Moi je ne sais pas aimer, je ne peux pas aimer, mais il y a en moi quelque chose de plus grand que moi qui, lui, peut aimer, il y a en moi un mode de fonctionnement auquel je ne suis pas habitué, pour lequel je n'ai pas été formé et qui pourtant, si je le laisse s'exprimer, me rend capable d'actes que mes seules forces ne permettraient pas.

Par exemple : « Je ne peux pas pardonner à cette personne, c'est impossible ! Moi, je ne peux pas, et plus mon moi veut pardonner, plus je deviens hypocrite et menteur. » Inutile de se raconter des histoires ! Il y a des choses impardonnables et il ne faut pas chercher à les pardonner avec la force du “moi”, il ne faut pas vouloir être bon, vouloir pardonner à tout prix, parce que le moi en est incapable. « Au moment où je reconnais les limites de mon amour, de ma capacité d'aimer, je peux m'ouvrir aussi à “quelque chose” qui en moi est capable d'aimer » : c'est cela entrer en contact avec notre véritable nature, qui est générosité et bonté.

Sur la voie de la compassion, nous découvrons que le fond de notre être est bon, que la nature de notre être est don, ce qui n'est pas si évident. Il y a pourtant en nous une générosité fondamentale qui est la première de toutes les perfections.

Il est possible de “donner”, à condition de dépasser cette mentalité de mendiant que nous avons malheureusement développée en nous, cette attitude qui fait que nous avons sans cesse besoin des autres, où nous n'arrêtons pas de demander aux autres. Nous pensons qu'il est impossible de donner tant que nous n'avons pas reçu, or nous n'avons jamais assez reçu, notre père et notre mère ne nous ont jamais “assez” aimés, nous sommes toujours en manque... Tant que nous restons dans cette attitude de mendiant, la générosité fondamentale de notre être ne peut s'éveiller. Il faut donc en sortir.

Voici deux histoires que l'on raconte à propos du Bouddha, deux histoires qu'un esprit occidental a sans doute assez de mal à comprendre.

La première est celle d'une femme très pauvre qui chaque jour mendie sa nourriture. Un jour, apprenant le passage du Bouddha, elle cherche à le rencontrer et, arrivée près de lui, lui demande à manger.

« Que veux-tu réellement ? répond le Bouddha.

— Je veux quelques-uns des fruits que tu as dans ton assiette.

— Je vais t'en donner, dit le Bouddha, mais tu dois d'abord dire non à ce que je te donne ! »

Il lui tend les fruits :

« Maintenant dis non ! »

C'est une chose bien difficile pour cette femme affamée qui a besoin de manger, qui a envie de dire oui à ce qu'on lui offre.

Elle laisse pourtant ce "non" monter en elle.

À l'instant où elle le prononce, elle prend conscience qu'elle n'a cessé de demander toute sa vie, ce qui l'a rendue dépendante des dons d'autrui ; en disant non pour la première fois, elle comprend aussi qu'il y a en elle une force capable de dire "non" à un désir, à un besoin immédiat.

Le Bouddha explique ainsi cette histoire : nous sommes tous des mendiants, sans cesse en train de demander, jamais rassasiés ; tant que nous ne sortons pas de cette attitude, nous passons à côté du trésor qui est en nous. L'enseignement du Bouddha ne nous dit pas que nous sommes pauvres, que nous ne valons rien ; il affirme au contraire que nous sommes riches, même quand nous n'avons rien en apparence.

« Quelle que soit votre pauvreté, vous avez toujours en vous la capacité de donner. » C'est une affirmation extrêmement importante sur la voie de la compassion. Quelles que soient nos richesses extérieures, intellectuelles ou affectives, il y a toujours en nous cette capacité de donner, ne serait-ce que notre présence, notre temps ou notre souffrance ; il y a toujours en nous cette possibilité de don qui est la nature essentielle de notre être.

La deuxième histoire se passe au Tibet. Deux frères élèvent des yacks ; l'ambition de l'un d'eux est d'en avoir toujours plus, aussi les accumule-t-il, tandis que l'autre n'en possède qu'un, qui lui suffit. Un jour, les deux frères se rencontrent et celui qui a un grand troupeau dit à l'autre :

« Mon rêve est d'avoir cent yacks ; je n'en ai que quatre-vingt-dix-neuf, peux-tu me donner le tien ?

— Mais bien sûr, répond son frère, prends-le ! »

Je me rappelle avoir été un peu choqué par cette histoire la première fois que je l'ai entendue. Je trouvais cela injuste, alors que le lama tibétain tentait de me faire comprendre que le malheureux n'était pas celui que l'on croyait : le malheureux est celui qui a besoin de cent yacks, car lorsqu'il en aura cent, il en voudra cent un, puis cent deux... Il est toujours dans la souffrance, tandis que l'autre est toujours dans le don, libre de donner le peu qu'il a. Lui est riche !

Le vrai seigneur, le vrai maître, est celui qui est capable de donner. Le lama me disait : « Tant qu'on n'a pas perdu en soi cette capacité de donner, ne serait-ce qu'un peu de son souffle, un peu de sa présence, on est un seigneur. » À l'instant de la mort on peut encore donner son dernier souffle. « Puisse ma mort même contribuer au bien-être de tous les vivants », est-il dit dans le *Bardo Thödol.* Rien n'est jamais perdu quand on est dans cette disposition d'esprit.

La meilleure disposition à l'état d'éveil pour soi-même et tous les vivants, c'est de retrouver en soi cette capacité de don, de générosité qui est notre vraie nature. Aussi grande que soit notre pauvreté, nous pouvons toujours donner. Pour certains d'entre nous c'est difficile à entendre tant nous sommes structurés pour demander et accumuler...

L'histoire des deux frères nous rappelle que plus on accumule plus on a de besoins, plus on a de désirs plus on est insatisfait, malheureux ; en revanche, moins on possède, moins on accumule, plus on est libre, plus on est capable de se défaire des choses. La voie de la libération sur ce chemin n'est pas d'accumuler pour devenir riche, mais de donner beaucoup pour être riche. La seule chose qui ne nous sera pas enlevée est celle que nous avons donnée. C'est tout simple. Est-ce possible à vivre ?

Ce sont des paroles d'Évangile : « Il y a plus de plaisir à donner qu'à recevoir ! À celui qui donne, il sera donné. » D'où cette parole un peu curieuse qui semble les contredire : « À celui qui a, il sera donné ; à celui qui n'a pas, il sera ôté même ce qu'il a. » Cela veut dire : à celui qui a la charité, à celui qui a en lui cette capacité de don, cette ouverture du cœur et cette générosité, tout sera donné, mais à celui qui n'a pas cette capacité, tout sera enlevé, parce qu'il a perdu le don.

Question : Donner à l'autre n'est-ce pas nourrir son ego ?

Il y a plusieurs façons de donner. Il y a certes une façon de donner pour soi, pour être vu : on veut bien donner, mais à condition que cela se sache, que le nom figure au bas de la donation... afin que les générations futures n'oublient pas. On donne aussi pour avoir de l'affection : en comblant l'autre de cadeaux, on pense recevoir en retour une quantité proportionnelle d'amour !

Il y a différentes qualités de don : le don des biens matériels, le don des biens affectifs, le don des biens spirituels. Quand le Bouddha dit à la femme qui lui demande à manger : « Je veux bien te donner de la nourriture, mais c'est d'autre chose dont tu as faim », il a la même attitude que le Christ disant à la Samaritaine : « Celui qui boit de cette eau aura encore soif. »

Un jour en Inde, alors que je marchais sur un trottoir en compagnie d'un jeune swami dans les rues de Bombay, nous aperçûmes une femme qui de toute évidence se portait mal et avait besoin d'aide. Elle demandait simplement la force qui pouvait l'aider à traverser la rue.

« Allons l'aider ! dis-je spontanément.

— Non, non ! me répondit le swami, tu vas l'empêcher de vivre son karma ; si elle est dans cet état, c'est parce qu'elle a mal agi dans cette vie ou ses vies passées, ce n'est pas la peine de t'émouvoir ! Tu es bien occidental, avec ton sentimentalisme... Tu vas lui faire du mal et la conforter dans son ego. Elle doit se débrouiller seule, c'est ainsi qu'elle parviendra à la libération... »

À quoi je répliquai : « Je sais que si je ne l'aide pas je vais me faire du mauvais karma. Je ne te demande pas d'agir de même, mais si je ne fais pas ce qui me semble juste, cela me travaillera toute la journée. C'est peut-être très égoïste, pour moi comme pour elle, mais je ne crois pas qu'une chose faite dans cette attitude puisse entraver son chemin vers l'éveil ! »

Il ne faut pas avoir peur de donner, mais il ne faut pas non plus "trop" donner. En gavant les enfants, on les empêche de se poser les vraies questions, de se mettre eux-mêmes en chemin. De nouveau, il ne s'agit pas de se demander s'il est bien ou mal de donner. Dans telle situation, il est juste de donner beaucoup, dans telle autre, ce sera trop, ou trop peu...

L'important est d'avoir du discernement face à des

situations concrètes. En voulant trop donner, on fait parfois du mal. « Je t'aime, je t'aime mon chéri, je t'étouffe et... je te tue. » Certaines personnes ont été écrasées par un amour non intelligent qui les empêchait de respirer.

Si on développe sa générosité, c'est pour devenir davantage vivant ; la mort de la générosité en nous est la mort de la vie. Le propre de la vie, c'est de se donner ; quand il coule, le fleuve se donne, s'il gèle... il fait froid pour tous.

Nous croyons souvent donner beaucoup, mais l'autre n'a pas reçu ce dont il avait faim et qui pouvait seul le nourrir. Nous en revenons au discernement : il s'agit avant tout d'être dans une attitude de don qui réponde à une demande, de ne pas donner quand il ne nous est pas demandé. On peut se donner beaucoup de mal et s'entendre dire : « Je ne vous ai rien demandé ! »

Il y a en nous du don, la capacité de donner. Beaucoup de personnes souffrent de ne pas pouvoir donner l'amour qu'elles ont en elles, car c'est une grande douleur de sentir en soi des trésors de compassion, de générosité et de n'avoir personne à qui les donner, ou personne qui en veuille. Cet amour non donné peut détruire.

Que faire de cette énergie qui peut nous faire mal, nous autodétruire même, si nous ne la "dépensons" pas ? C'est là qu'intervient ce processus de transformation intérieure qu'est la méditation, ou la prière : l'énergie n'est pas perdue, mais offerte. À travers la prière, la méditation, on peut en effet la transmettre, la canaliser vers le bien-être de tous les vivants — pas obligatoirement vers une personne précise. C'est une loi physique. Nous ne savons pas où va ce don, ni qui en profite, nous ne connaissons pas les effets de cette tendresse que nous sentons monter en nous sous forme de prière demandant le bien-être de tous les vivants ; nous sommes dans une générosité désintéressée.

La voie de la compassion nous rappelle que nous ne sommes pas des mendiants, quelle que soit notre pauvreté, quels que soient nos manques, quels que soient les parents que nous avons eus, toutes les personnes que nous aurions aimé “avoir” et que nous n’avons pas eues. Nous sommes riches dans la mesure où nous sommes capables de donner, et c’est là notre noblesse. Certains traduisent bodhisattva par “être noble”.

Des gens très riches manquent totalement de noblesse : ils ont tout ce qu’il faut, même trop, et ils sont en demande permanente. Préoccupés par ce qu’ils possèdent, ces gens ne peuvent rien lâcher, et c’est vraiment une misère. D’autres au contraire sont bouleversants de générosité : ils n’ont pas grand-chose, mais sont capables de l’offrir spontanément ; ils ne savent même pas qu’ils sont généreux, cela leur semble évident : « Si j’ai quelque chose, c’est pour le partager ! »

La noblesse de celui qui est sur le chemin de l’éveil et de la compassion, c’est l’Être qui a en lui cette capacité de don : à travers l’exercice du don, il rejoint sa nature essentielle, le Christ vivant en lui, le Vivant qui se donne. Tant qu’il y a en nous cette qualité, nous sommes dans la noblesse de notre nature essentielle. Dans sa première Épître, saint Jean dit : « Celui qui n’aime pas demeure dans la mort, celui qui aime demeure en Dieu et Dieu demeure en lui. » C’est une parole tellement simple ! Il nous est dit que le simple fait d’aimer, de mettre en acte un peu d’amour, de générosité, est Dieu Lui-même, vivant en nous et à travers nous.

On pourrait penser que celui qui a donné son yack au frère qui en avait déjà quatre-vingt-dix-neuf n'a fait de bien à personne ! Mais il s'est fait du bien à lui-même, il a fait du bien à Dieu, il a fait du bien à la Vie. Au contraire, l'autre ne s'est pas fait de bien parce qu'il est toujours plus dans le désir, dans la convoitise, et reste insatisfait ; il ne fait pas davantage de bien aux autres en leur enlevant le peu qu'ils possèdent.

Je cherche à vous convaincre, sans vouloir vous convaincre ! Il faut être dans l'attitude des deux frères pour comprendre, et nous sommes d'ailleurs tour à tour l'un et l'autre frère. Certains jours, nous n'en avons jamais assez, et d'autres nous donnerions tout ce que nous avons. Quand nous avons tout donné, il nous reste toujours le don qui ne peut nous être enlevé.

« Bienheureux les hommes de bonne volonté ! Paix aux hommes de bonne volonté ! » La bonne volonté est une volonté orientée vers le bien. Ça ne suffit pas, mais ça commence par là. Si nous cultivons en nous cette volonté de faire le bien, de découvrir la réalité, ce désir du vrai, je crois que nous n'avons rien à craindre, les chemins de traverse ne nous arrêteront pas, il y aura toujours un moment où nous nous remettrons en route.

Si nous l'enracinons en nous, ce désir de l'éveil, de la libération, ce désir de la paix du cœur et de l'intelligence — non seulement pour nous mais pour tous les vivants — nous préservera de toutes sortes d'attachements, d'impasses et d'enfermements dans la souffrance, dans ce que nous avons possédé et qui peu à peu nous possède. Ce désir est ce qui garde le cœur en éveil, en ouverture.

Mais il faut à présent passer aux actes.

La *bodhicitta* de pratique — l'attitude d'éveil dans la pratique — consiste à développer en nous six perfections, six qualités à parfaire. « Je ne suis pas venu pour abolir, je suis venu pour accomplir », nous avons à accomplir, à aller jusqu'au bout de ce qui nous est donné. Ces six perfections sont, je le rappelle : le don, la discipline, la patience, l'énergie, la méditation et la sagesse, appelée aussi connaissance transcendante.

Il y a comme une échelle, une graduation. Cette voie est infiniment pratique : on fait un pas après l'autre et on avance, à partir de là où l'on est.

Souvenez-vous qu'avant de vouloir aimer l'humanité, avant de vouloir aimer nos ennemis, il faut commencer par aimer nos pieds, notre corps, notre souffle. « Il y a en moi de l'amour, mais je ne sais pas qui aimer. » On peut déjà aimer une plante, un chien, un souffle, aimer la vie. Il est parfois difficile d'aimer la vie, mais si l'on n'aime pas la vie, on n'aime pas être vivant, comment voulez-vous alors être utile et aider les autres ?

Avant d'aimer la vie dans un autre peut-être faut-il l'aimer d'abord dans ce lieu de passage que nous connaissons bien : nous-mêmes. « Je ne fais rien mais j'aime la vie ! J'aime la vie qui passe à travers moi et dans cette adhésion, cette affection, cette tendresse à l'égard de la vie qui respire en moi, peut-être cet amour va-t-il se communiquer un peu plus loin ? »

Il s'agit de développer progressivement ces différentes qualités et le don est la première qualité à développer.

10. Le don

Nous passons maintenant à la pratique. Le fond de l'être est générosité et du simple fait que le monde existe, il faut qu'il soit dans ce mouvement de générosité de la vie qui se donne. Rejoindre la capacité de don, c'est rejoindre l'énergie créatrice en nous ; celui qui n'aime pas est à côté de la vie et demeure dans la mort.

Dans les formes concrètes on distinguera différentes formes de don. Le don des choses matérielles, le don de protection, le don de tendresse, le don de la bienveillance et, enfin, le don du *dharma* ou de la vérité. Cette pratique commence par le don des choses concrètes, une qualité de bienveillance, une qualité de disponibilité.

Comment le don va-t-il s'incarner en nous, prendre forme ?

• *Le don des choses matérielles*

Dans toutes les grandes religions, on accorde beaucoup d'importance à l'aumône, non pour la quantité mais pour le fait de donner. Dans l'Évangile, on retrouve cette parabole de la veuve qui, n'ayant que quelques sous, les met pourtant dans le tronc du temple. Jésus dit que cette femme a donné beaucoup plus que tous les autres, parce qu'elle a donné ce qui lui était nécessaire. C'est un thème que l'on retrouve également dans les Écritures palies : l'important n'est pas la quantité mais la qualité, c'est-à-dire le mouvement du cœur.

L'aumône, c'est justement cette possibilité donnée à celui qui a de donner à celui qui n'a pas, ou à celui qui demande une chose matérielle. Au moine, il sera donné les choses matérielles qu'il mérite, mais il lui sera demandé de faire des dons spirituels : un enseignement, une parole qui conduise à la libération ou une prière qui aidera les autres à évoluer ; c'est une sorte d'échange très codifié et, sans entrer dans les détails, on retrouve cela dans beaucoup de traditions.

« Celui qui veut recevoir intérieurement doit donner extérieurement » : tel est le fondement de l'aumône. C'est le sens de l'offrande d'un fruit ou d'une fleur qu'on fait à un enseignant — parce que le fait d'offrir quelque chose à l'extérieur rend capable de s'ouvrir à l'intérieur.

Le don de choses matérielles à quelqu'un qui nous le demande, ou pour qui c'est justice, va s'incarner en nous à travers des gestes très concrets. Là encore, observons-nous ! À quel point nous agrippons-nous ? À des choses souvent transitoires et passagères, sans grande valeur si l'on y réfléchit ; mais nous nous identifions à cela et y mettons notre sécurité.

Toutes ces pratiques ont pour but de nous faire sortir du vieux fonctionnement de l'ego qui tend vers la sécurité et la protection, qui a peur de se lâcher. Il n'y a rien de tel que de s'ouvrir au niveau de nos possessions pour que quelque chose se déclenche aussi au niveau du cœur. Quand vous donnez à quelqu'un, ce n'est pas obligatoirement le plus juste — on ne sait pas toujours s'il est juste de donner à cette personne, mais sachez que pour vous c'était juste —, quelque chose s'ouvre, la générosité se remet en circulation.

Il faut bien sûr du discernement et ne pas donner en toutes circonstances. Il vaut mieux, par exemple, éviter de donner de l'argent à quelqu'un dont on sait qu'il s'en servira pour acheter de la drogue, mais on peut aussi lui donner autre chose : de la tendresse, de la reconnaissance qui l'inviteront peut-être à un peu de lucidité. On peut aussi se décharger d'un don — d'une autre demande qui nous était formulée — par de l'argent. L'argent, c'est alors ce qui nous « évite » de donner vraiment...

• *Le don de protection*

Une autre qualité de don, c'est la protection. La voie de la compassion nous dit qu'il ne s'agit pas de vouloir donner quelque chose, mais d'être ouvert, de ne pas nous fermer à la demande. À quelqu'un qui nous demande protection nous pouvons offrir l'asile de notre bienveillance.

Quelqu'un peut venir à nous avec le besoin d'être rassuré, d'être consolé, protégé ; il faut alors savoir donner de sa personne par un geste, un soutien affectif, sans l'enfermer dans sa demande. Donnons-lui quelque chose, mais aussi la capacité de se libérer de nous ! Ce n'est pas facile... Un père devrait donner à son enfant ce dont il a besoin, mais en même temps la capacité de s'affranchir de lui, de produire quelque chose.

Le don de la protection n'est pas du protectionnisme. Aider des pays en voie de développement, ce n'est pas forcément faire les choses à leur place, mais leur permettre de se débrouiller seuls ! Sinon, on les enferme dans un cercle vicieux et ils resteront dans cette attente, dans cette dépendance des pays qui se déchargent de leurs surplus pour se donner bonne conscience.

• *Le don d'amour*

Plus que la protection, il nous manque parfois l'amour. Le bodhisattva garde les bras ouverts, mais il ne prend personne dans ses bras, ce qui peut paraître paradoxal. Il s'agit d'avoir les bras ouverts, d'accepter l'autre dans sa demande sans refermer les bras sur lui. Un bodhisattva peut aimer quelqu'un, mais il ne l'aime pas pour lui-même. Aimer quelqu'un sans vouloir le garder pour soi est complexe : l'autre croit souvent qu'il est aimé s'il peut vous appartenir, et cela crée des “nœuds”, des difficultés.

Comment aimer vraiment quelqu'un ? Pas simplement en paroles ou avec de la bonne volonté, mais en posant des actes où il se sente aimé sans qu'on ait pour autant refermé les bras sur lui, sans qu'on l'ait enfermé dans une situation affective inextricable. « Si je t'aime ce n'est pas pour moi. Ne t'occupe pas de moi, ne reste pas accroché à moi, va plus loin, suis ton chemin. »

On revient à l'attitude souvent citée par Graf Dürckheim à propos de l'instructeur spirituel. Il doit être comme la pompe à essence où l'on vient chercher de l'énergie, un enseignement pour continuer sa route ; le problème, c'est qu'après avoir fait le plein on tourne autour du distributeur... Or si on a fait le plein, c'est pour aller plus loin, pour suivre son propre chemin.

Quand on dit que l'amour-compassion n'est pas un amour passionnel qui attache, on est proche de l'attitude du thérapeute dans le travail analytique. Il doit accepter le transfert, mais tout en sachant que ce que l'autre aime ce n'est pas lui, mais une image dont il a besoin pour aller plus loin. Il ne s'agit pas de nier le transfert, il faut bien l'accepter, mais en même temps ne pas y enfermer l'autre et pouvoir lui dire : « Ce que tu aimes, ce n'est pas moi, tu cherches autre chose. Je ne suis qu'un visage de ce que tu aimes, n'identifie pas ce que tu aimes à moi, parce que cela va créer un attachement, une difficulté, une aliénation. »

Cela peut d'ailleurs être vécu dans nos relations les

plus ordinaires : ce qu'on aime d'abord, c'est une image de l'autre ; lui aime une image de nous. Puis vient ce moment où l'on va au-delà des images, où l'on commence à aimer l'autre pour lui-même, et alors on est libre vis-à-vis de lui. Mais avant de lâcher, il faut bien embrasser. Il y a des gens qui lâchent avant. La doctrine du « non-attachement à des êtres illusoires » peut créer une sorte d'indifférence, de recul. Il faut savoir que l'être illusoire, bien que passager et transitoire, souffre et qu'il a peut-être besoin d'être tenu dans les bras ; mais les bras ne doivent pas se refermer sur lui, car lorsque viendra le moment de le lâcher, lui risque de s'accrocher !

L'attitude du don à travers des gestes d'amour, des gestes concrets, est sans doute ce qu'il y a de plus difficile, parce qu'on n'est pas dans une attitude de sèche indifférence, ni dans une attitude d'amour sentimental et passionnel. C'est une voie de crête, la voie du milieu.

Nous sommes sur terre pour apprendre à bien aimer. Aimer, c'est encore possible, mais bien aimer… quel chemin ! Je crois que nous avons toute notre vie pour apprendre… pour voir à quel point nous aimons mal, nous aimons pour nous. Nous cherchons toutes sortes de compensations et nous appelons cela de l'amour…

Question : Quelle est la place de l'amour passionnel ?

Dans la compassion, il n'y a pas de place pour l'amour passionnel, car on ne peut se passionner pour quelqu'un dont on sait qu'il n'est pas l'Être, qu'il n'est pas l'Existant. L'amour et la connaissance sont tellement liés qu'aimer infiniment quelqu'un qui n'est pas infini est de l'ignorance, donc de la souffrance.

C'est une sorte de sagesse. Aimer quelqu'un pour ce

qu'il est, mais pas plus que pour ce qu'il est, est le véritable amour. Ce que nous appelons la passion est une projection d'infini sur un être fini. Tout à coup, cet être devient notre infini, il devient "tout" pour nous ; or un être vivant est une partie du Tout, un être unique infiniment précieux et infiniment aimable, mais il n'est pas le Tout, il n'est pas Dieu.

Il est vrai que la pratique de la méditation — qui permet d'observer l'impermanence du moi, de nos pensées et de nos émotions — rend moins enclin à la passion. Vouloir faire de l'autre un Tout, un Absolu, c'est se mentir, c'est un manque de connaissance. Chez des êtres comme le Dalaï-Lama la qualité tangible d'amour et de compassion a quelque chose de troublant : on sent bien que c'est une compassion universelle, impersonnelle.

Lorsque je me trouvais dans l'État de New York, le Dalaï-Lama fut reçu à l'université où j'enseignais.

« Tu as vu comme il m'a regardée ? me dit une de mes collègues lorsque le Dalaï-Lama fut passé devant nous.

— Oui, j'ai vu comme il t'a regardée. »

La visite de l'université continua et à un moment, s'intéressant beaucoup aux machines, le Dalaï-Lama se pencha sur l'une d'elles.

« Tu as vu comme il l'a regardée ! » dis-je à ma collègue.

C'était effectivement le même regard.

Bien sûr, on ne regarde pas une personne comme on regarde une machine, mais la qualité d'attention, la qualité de cœur, était la même. Dans ce contexte, l'amour n'est pas une relation, c'est d'abord un état d'être, un état de conscience, de bienveillance. Il est vrai qu'il manque ce côté « relation de personne à personne » : « Il n'y a pas d'autre toi que toi »... beauté et tragédie de nos amours à l'occidentale.

Sur la voie de la compassion, on cherche à développer non des relations, mais une capacité de bienveillance, d'amour avec tous les êtres quels qu'ils soient. On peut bien évidemment — et heureusement ! — privilégier certaines relations, mais une relation est privilégiée du fait qu'il y a un accord des consciences.

Quand il est question dans l'Évangile du « disciple que Jésus aimait », cela veut-il dire que Jésus aimait plus Jean que Pierre ? Non ! Jésus aime autant Pierre ou Judas que Jean, car il est l'amour incarné. Comme il le dira : « Le soleil brille sur les bons et sur les méchants, sur les justes et sur les injustes. » Il a autant d'amour pour Judas que pour Jean, mais il a davantage d'affinités avec Jean. La réponse est différente : la relation devient “privilégiée”, il y a “résonance”, compréhension mutuelle.

Cette qualité de don qu'il s'agit d'éveiller en nous est un état de conscience qui demeure en toutes circonstances. Si l'on n'a plus personne à aimer, si cette femme tellement merveilleuse ou cet homme auquel on a été tellement attaché ne sont plus là, parce qu'ils sont morts ou avec quelqu'un d'autre, comment garder en soi la qualité d'amour qu'on a connue auprès d'eux ? Là est la question...

Sur la voie de la compassion, il est juste de développer cette qualité d'amour éveillée à un moment de notre existence par tel ou tel visage, sans rendre cette qualité d'amour dépendante de ce visage, car le jour où il disparaîtra de notre vie, ce sera comme si nous perdions notre amour. Identifier l'amour avec la personne qui a éveillé cette qualité en nous est le drame de beaucoup d'Occidentaux. Or cette qualité d'amour peut demeurer même si cette personne n'est plus là ; je peux donner cette qualité d'amour à un brin d'herbe, au vent, à tous les êtres. Tout est le visage du bien-aimé.

• *Le don de la bienveillance*

La bienveillance — « ce soleil qui brille sur les justes comme sur les injustes » —, c'est la Bonté, « le Bien diffusif de lui-même » quels que soient les sujets ou les objets vers lesquels il se tourne.

• *Le don de la vérité*

Il y a enfin une autre forme de don : le don du *dharma*, de l'enseignement, le don de la vérité. Pour le Bouddha, le plus grand don qu'on puisse faire à quelqu'un est de lui apprendre à voir ce qui est vrai. On retrouve cela dans la tradition chrétienne : « La plus haute charité, c'est le don de la vérité », dira Thomas d'Aquin.

Aimer quelqu'un, c'est lui dire la vérité, mais il faut beaucoup l'aimer pour cela. Dire la vérité nous fait peur : « Il/elle ne va pas m'aimer si je lui dis ce que je pense. » Il y a "la manière" de dire la vérité, et c'est là qu'intervient le lien entre connaissance et amour. Cette vérité dite avec violence, avec mépris, sera destructrice alors que dite avec amour elle peut être libératrice.

Il faudrait "secouer" d'une main (la main de rigueur) et caresser de l'autre (la main de tendresse). Dans les icônes représentant le Christ, on remarque qu'un œil est doux, l'autre sévère : dans l'œil de douceur, de miséricorde, on peut accepter d'être ce qu'on est : l'autre œil exige discernement et justice. C'est l'amour sans complaisance !

Il me semble que cela répond au double besoin qui est en nous : besoin d'être aimés tels que nous sommes et besoin qu'on nous dise la vérité. Nous raconter des histoires ajoutera de l'illusion à l'illusion et ne nous aidera pas à être libres. Le plus grand don que nous puissions nous faire les uns aux autres est le don de la vérité, le don du chemin vers l'éveil. Travailler au bien-être de tous les vivants, c'est désirer pour eux l'éveil, la connaissance.

Temps de méditation

Vivons ce moment de méditation comme un don. Donnons de notre temps, donnons de notre corps, donnons de notre esprit, donnons de notre attention, donnons de notre souffle. À qui le donnons-nous ?

On peut l'offrir pour quelqu'un de précis, à une personne qui nous est chère, à une personne confiée à notre méditation ou à notre prière. Diriger cette énergie, par le cœur, par la pensée, vers cette personne peut être à la fois un support et une aide. Offrons ce temps, cette respiration, ce moment qui nous est donné pour son bien-être.

On peut confier cette énergie au Souffle, à la Vie. Invitons le Vivant à bénir tout ce qui existe, accueillons dans le cœur, dans l'esprit, le monde tel qu'il est, le monde avec ses souffrances, avec ses interrogations. Tout est en nous, respirons profondément avec tendresse, avec amitié et avec lucidité, « pour notre bien-être et le bien-être de tous ».

11. La discipline

Deuxième paramita, deuxième perfection : la discipline. Comment tenir ensemble discipline et liberté ? Pour nous la discipline va contre la liberté. Or personne ne nous oblige à cette discipline, elle est liée au vœu. « Pourquoi est-ce que je fais cela ? Parce que j'en ai fait le vœu ! Parce que je trouve que c'est l'attitude la plus juste, la moins bornée, la plus ouverte, et qu'elle me permet d'avoir accès à l'expérience même du Vivant. »

C'est une libre décision. La discipline est un moyen que l'on se donne pour revenir au Soi. C'est un moyen qui travaille sur tous les travers, les difficultés, les maladies, les pathologies du moi pour rendre celui-ci de plus en plus disponible au Soi, à cet état d'éveil, cette nature essentielle qui nous habite. Cette discipline propose un certain nombre d'exercices et d'observations. Le principal exercice consiste, instant après instant, à prendre conscience de nos réactions, à voir à quel point nous sommes pris dans le piège des réactions.

Dans la Tradition, cette discipline est codifiée dans ce qu'on appelle les dix actes négatifs et les dix actes positifs : il s'agit d'observer les actes négatifs du corps, puis les actes négatifs de l'esprit et les actes négatifs de la parole.

12. Trois actes négatifs du corps

Faire le vœu de sauver tous les êtres, d'avoir un cœur immense, d'être ouvert à tous et de ne pas avoir peur de la souffrance ne suffit pas, il faut aussi “pratiquer”. La pratique commence là où nous sommes, et là où nous sommes, c'est l'égoïsme, ce sont des comportements plus ou moins erronés qui nous empêchent de goûter le fond de notre être.

• *Prendre la vie*

Le premier acte négatif du corps est de tuer, ou plus exactement de prendre la vie, de s'approprier la vie. Quand on tue, en général, c'est soit par attachement — pour s'approprier quelque chose ou quelqu'un —, soit par agressivité. Le but de l'enseignement est de nous faire entrer dans une attitude de non-attachement, de non-agressivité, de non-nuisance, de non-destruction de la vie, dans une attitude de respect de la vie sous toutes ses formes, humaine, animale et végétale.

Le bodhisattva évitera de “prendre” la vie sous toutes ses formes. Ne pas tuer, ne pas détruire, c'est être dans une attitude de respect à l'égard de tout ce qui existe. Dans sa vie, le bodhisattva sera attentif à ses actes et à son comportement. Certains se posent la question de la nourriture. Nous sommes dans un monde où la vie est faite de la mort des autres : nous nous nourrissons d'animaux que l'on a tués, et qui eux-mêmes ont tué pour se nourrir...

le Bouddha est mort d'une indigestion de porc avarié. Ce n'était pas son repas habituel, mais il était invité chez une femme qui n'avait qu'un peu de ce civet à lui offrir ; c'était tout ce qu'elle pouvait lui offrir et il l'a accepté. Cette acceptation, cette non-peur, provoquera sa mort, mais il était dans une attitude de compassion. On ne peut pas faire du Bouddha quelqu'un d'obsédé par la nourriture comme certains l'ont prétendu, ce serait oublier que la compassion est pour lui plus précieuse que la perfection.

Les lamas tibétains mangent de la viande. Le Dalaï-Lama aime à dire : « L'important est de recevoir la nourriture comme un don que nous fait l'animal, ou la personne qui nous nourrit. Le fait de l'accepter comme un don et de l'offrir la replace dans le courant de la vie. » C'est une attitude non fermée, non dogmatique, qui s'adapte aux circonstances.

Kalou Rimpotché allait sur les marchés et achetait du poisson pour le rejeter à la mer... cela pour montrer de façon un peu spectaculaire le respect de la vie sous toutes ses formes. Dans le christianisme, nous avons à apprendre dans ce domaine : nous sommes très soucieux de la vie humaine mais nous oublions qu'elle dépend de la vie animale et de l'environnement.

Il faut tuer de moins en moins et transfigurer la mort par l'offrande, par la consécration et la reconnaissance du don qui nous est fait ; recevoir un repas comme un sacrifice, un don, une offrande de la vie. Tout être se donne à un autre. Dans beaucoup d'histoires bouddhistes, les animaux s'offrent en nourriture à des hommes qui ont faim. Il faut aussi de la gratitude envers tous les éléments qui nous nourrissent et se donnent à nous pour nous permettre de croître.

Cette vie nous est donnée pour qu'à notre tour nous la donnions : c'est ainsi qu'elle "circule" et se reproduit. Chaque fois que quelque chose nous est donné, nous devons le redonner, sinon cela pourrit en nous, nous rend malheureux et malades. Beaucoup de souffrances et de maladies viennent de ce qu'une potentialité d'amour ne s'exprime pas en nous. Nous cherchons des objets "dignes" de notre amour, mais tout est "digne" de notre amour. Si nous ne pouvons aimer cette personne qui nous attire ou nous fascine, nous pouvons aimer d'autres personnes, ou même un brin d'herbe. La Vie a d'autres visages que celui auquel on l'identifie, d'autres "formes" que celles où l'on pense la reconnaître.

Cela me rappelle un conte de Noël : Un homme avait rendez-vous avec son maître qui lui avait dit qu'il passerait chez lui le jour de Noël. Le jour dit, l'homme se prépare à accueillir son maître et attend son passage. Passent un mendiant, puis une femme qui lui demandent l'hospitalité.

« Non, je ne peux pas te recevoir parce j'attends mon maître. C'est pour lui que j'ai préparé la table, j'attends quelqu'un mais ce n'est pas toi ! » répond-il chaque fois.

... Le seigneur arrive enfin et lui dit :

« Ce mendiant, cette femme qui ont frappé à ta porte, c'était moi ! »

Il y a en nous une capacité de don, d'accueil et de réceptivité qui est faite pour être vécue. Si nous donnons notre vie, on ne peut plus nous la prendre. Les bodhisattvas et les saints n'ont pas peur de mourir parce qu'on ne peut pas leur enlever la vie, ils l'ont donnée. Nous, au contraire, nous nous accrochons. Lorsque vous accompagnez des mourants, vous voyez à quel point certains s'accrochent jusqu'au dernier moment à quelque chose qui n'est pas fait pour durer, tandis que d'autres se donnent et donnent jusqu'à leur dernier souffle. À propos de la mort de Jésus, on dit en général : « Il rendit son Souffle », mais il faudrait traduire littéralement : « Il transmit, il donna son Souffle. »

Au moment de mourir, certaines personnes vous donnent encore quelque chose et vous recevez alors énormément, car vous sentez qu'elles transmettent vraiment. Il y a une transmission d'une mère à son fils, d'un père à son fils ou d'un maître à ses disciples.

Sur la voie de la compassion, il nous est rappelé que tout ce que nous avons, tout ce que nous sommes nous sera enlevé, et qu'en le donnant, en le partageant, nous sortons d'une attitude de crispation ; cela nous permet de goûter ce qui ne peut nous être enlevé, de goûter en nous la force et la présence du don.

• *Prendre ce qui ne nous est pas donné (le vol)*

On peut vouloir s'emparer des choses qui ne nous sont pas données, par attachement ou par agressivité, par la force ou la tromperie. Certains diront : tout ce qu'on a de superflu chez soi est volé à ceux qui en ont besoin. Pourquoi accumuler ? Parce qu'on a peur, parce qu'on est dans l'insécurité. C'est toujours le moi qui est dans l'angoisse, dans l'anxiété ; alors, on s'identifie à ce qu'on possède et on accumule.

Entrer dans la voie de la compassion, c'est alléger un peu nos placards, mettre de la place, de l'espace. En général, nous nous en trouvons mieux ! Il ne s'agit pourtant pas d'une loi extérieure ; personne n'a le droit de vous dire : « Videz vos placards ! » ou « C'est mal d'avoir des armoires pleines ». Il ne s'agit pas d'obéir à quelqu'un d'extérieur ou à une règle morale ; c'est à chacun, dans son cheminement intérieur, de sentir à un moment donné qu'il étouffe, qu'il manque d'espace, que le "vol" ne consiste pas seulement à prendre ce qui ne nous appartient pas, mais aussi à accumuler des choses qui pourraient être utiles à d'autres.

Cela peut devenir simple et évident, mais avant d'en arriver là, le cœur doit s'ouvrir au "Soi" ; autrement, c'est un "moi" qui de nouveau veut faire le bien pour que cela se sache. Un acte juste coule de source, il n'est nul besoin que d'autres en soient informés. Le bien-être d'autrui fait partie de notre bien-être, ce n'est pas séparé.

• *Le mauvais usage de la sexualité*

La sexualité est une bonne chose puisque c'est un élement du composé humain, mais on peut en faire un mauvais usage en allant à l'encontre de cette attitude de non-attachement et de non-agressivité, en l'utilisant de façon destructrice, possessive, agressive. La compassion nous évite de traiter l'autre comme un objet. La sexualité fait partie du don et de l'énergie qui est en nous, elle est le désir de se donner et de recevoir, une relation entre deux sujets.

Quand je dis sexualité je ne fais pas obligatoirement référence à la génitalité. La sexualité est le fait d'être sexué, d'être un homme ou une femme. Il y a une façon féminine et une façon masculine de se donner. Cette capacité de don peut s'exercer sous une forme génitale, mais également sous d'autres formes.

Quand la sexualité est utilisée de façon destructrice ou passionnelle, elle renforce le moi : on se sert de l'autre pour le dominer ou se l'approprier au lieu de vivre une relation d'échange et de partage. On retrouve cela dans beaucoup de situations : avoir une relation sexuelle avec quelqu'un, c'est parfois se l'approprier — « Cette personne n'appartient qu'à moi ! » Sans doute y a-t-il un lien entre sexualité et propriété, et voilà pourquoi le bodhisattva, pressentant à un moment de sa vie tout ce qu'elles peuvent avoir de possessif et d'attachant, évite les relations sexuelles. Cela ne veut pas dire qu'il rejette la sexualité, mais qu'il l'exerce d'une autre façon.

13. Trois actes positifs du corps

Le meurtre, le vol, l'utilisation destructrice ou passionnelle de la sexualité sont trois actes négatifs du corps qui peuvent nous empêcher d'avoir accès à notre nature essentielle, empêcher le déploiement en nous de la vie de l'Esprit. Mais à côté de ces actes négatifs il y a forcément des actes positifs, que nous avons d'ailleurs déjà évoqués.

Le bon médecin n'est pas celui qui désespère devant la maladie ou s'émerveille devant la santé, mais celui qui regarde la maladie en se souvenant de la santé. Certains médecins oublient que la maladie est parfois une façon de se guérir (d'un mal plus profond).

La voie de la compassion nous propose de regarder nos façons de nous approprier les choses, de voir les gens, nos différentes façons de détruire, notre façon de voler, de posséder ; observer tout cela dans la vie quotidienne fait évoluer nos attitudes et nous permet de devenir de plus en plus libres vis-à-vis d'elles. Observer les aspects négatifs de notre être, mais ne pas oublier de développer les qualités positives de notre être : protéger, donner, faire bon usage de la sexualité.

• *Protéger*

Face au meurtre, le premier acte positif va consister à protéger la vie sous toutes ses formes — humaine, animale, végétale —, à participer autant que possible aux cycles de la nature et à respecter celle-ci. On aura noté la dimension écologique évidente de cette attitude. Pour le bodhisattva, prendre soin de tous les êtres revient à prendre soin de la nature, des animaux et des humains, ces animaux malades de la raison.

Quelqu'un qui sait prendre soin de ses plantes ou de ses animaux saura aussi prendre soin des êtres humains — à moins qu'il ne projette sa possessivité sur ses animaux. On voit cela chez des personnes qui n'ont plus aucune relation avec leurs semblables et qui projettent sur un animal toute la tendresse dont leurs voisins auraient peut-être besoin. Cet animal n'est pas respecté en tant qu'animal, il est devenu une chose, une propriété appartenant à quelqu'un ; pourtant, cet animal n'est pas un objet, lui aussi a besoin d'espace.

• *Donner*

La deuxième attitude positive consistera non seulement à nous abstenir de prendre ce qui ne nous est pas donné, mais aussi à apprendre à donner, à développer en nous la générosité, cette participation à la vie divine.

• *Le bon usage de la sexualité (la chasteté)*

Il ne s'agit pas de nier ou de refouler la sexualité, mais de l'utiliser de façon plus fine, plus intelligente, plus aimante, de la vivre dans une attitude juste et reliée à l'amour.

Dans le christianisme, cette attitude est appelée chasteté. Pour beaucoup, chasteté veut dire continence, mais c'est quelque chose de plus subtil et de plus intéressant : cela consiste simplement à ne jamais traiter l'autre comme un objet. On consomme des objets, la nature, donc on les consume et on les détruit ; de même, on se consomme les uns les autres... Quand je touche un corps, ce n'est pas une chose... c'est une personne ! Faire l'amour avec quelqu'un, c'est faire l'amour avec une personne, pas avec un objet de plaisir, et c'est donc sortir de cette attitude de consommation. Au lieu d'être un lieu de consommation, la sexualité peut être un lieu de communion. La chasteté, c'est ce qui rend la communion possible.

« Celui qui regarde une femme avec convoitise a déjà commis l'adultère », dit Jésus dans l'Évangile. Cette phrase irrite un certain nombre de personnes, mais penchons-nous sur sa signification. Regarder une femme avec convoitise, c'est ne pas la voir en tant que femme, mais en tant qu'objet, donc passer à côté d'elle en tant que personne, passer à côté d'une relation humaine possible, ce qui est dommage et revient à passer à côté de la réalité.

Le péché, c'est manquer la cible, passer à côté de ce qui est, manquer l'être tel qu'il est. Nous devons transformer notre regard, cesser de nous approprier les êtres ou de les réduire à des objets de consommation.

On peut même consommer de la spiritualité, l'esprit consommateur est à tous les niveaux ! La chasteté est une attitude d'amour et de respect devant le mystère de l'Être, c'est le sens du Sujet jamais réductible à l'objet.

Avoir de la chasteté à l'égard des choses et de l'univers, c'est ne pas vouloir percer leur secret. Dans certaines attitudes scientifiques on manque de chasteté si, oubliant que "les choses" sont des êtres vivants, on tente d'en percer le secret. L'attitude juste cherche à comprendre les mystères de l'univers en sachant qu'ils ne sont pas à prendre mais peuvent se donner, se révéler à nous. C'est d'ailleurs souvent au moment où le scientifique se décrispe dans sa volonté de prendre et de comprendre qu'il reçoit les révélations de "ce qui est là".

Dans le milieu analytique, on peut manquer aussi de chasteté ! Je ne fais pas référence au génital, mais à l'attitude d'esprit, car la chasteté est une attitude de l'esprit.

On peut dire qu'une personne a des moments paranoïdes, où qu'elle est dans une structure schizophrénique, mais on n'a pas tout dit ! Manquer de chasteté, c'est dire que l'autre n'est que cela et en faire ainsi un objet, un cas que l'on peut classer, étiqueter.

Quelle que soit sa pratique médicale, le thérapeute devrait reconnaître qu'il est devant un mystère, devant un être dont le secret lui échappe... Respecter ce secret, c'est aussi respecter sa "nature divine", c'est-à-dire ce qui échappe à son emprise et à sa connaissance : « Je peux vous dire un certain nombre de choses sur vous-même, mais ce n'est pas vous. Ce que vous êtes est infiniment plus que ce que j'en comprends. Avec ce que je comprends de vous, de votre maladie, de votre souffrance, j'essaye de faire en sorte que cela aille mieux, mais il y a toujours en vous quelque chose qui m'échappe. »

Lorsqu'on parle de "libido", de bonne utilisation du désir sexuel, de chasteté, ce n'est donc pas simplement au niveau génital. À ce niveau, il faut veiller à ce que les relations ne se détériorent pas, ne pas oublier que l'autre est "quelqu'un". Cette attitude de chasteté peut aller beaucoup plus loin dans nos rapports avec les personnes et dans nos rapports avec les matières. C'est un certain mode de connaissance qui respecte le mystère, qui respecte l'altérité qui est dans tout autre.

Nouvelle question sur le désir

Cette question nous rappelle la légitimité du désir et nous sommes bien d'accord. Ce dont nous parlons, c'est de la désorientation possible du désir. Et le désir est mal orienté dans la mesure où il a tendance à s'approprier, à chosifier, à s'arrêter. La mauvaise orientation du désir, c'est sa fixation, c'est la réduction du sujet à un objet, c'est transformer l'eau vive en bloc de glace sous le gel de mon regard.

Vous avez raison de dire que le désir est le mouvement même de la vie en nous. C'est dire qu'on appréciera d'autant plus une fleur si on ne l'arrache pas. Il s'agit de ne pas arrêter le flot du désir, de ne pas vouloir le fixer. Il est normal d'avoir un mouvement de désir envers un homme ou une femme, c'est un signe de santé ; mais vouloir l'enfermer dans ce désir peut donner lieu à des souffrances et des dépendances, physiques et psychologiques.

Il est passionnant d'observer au niveau concret ce que peut changer dans nos relations une attitude "ouverte", une attitude de désir "fluide" qui ne cherche rien de particulier : l'amour est présent non seulement à un moment précis, mais à tous moments, dans tous les gestes.

Si dans une relation intime avec une personne celle-ci pense tout de suite à "ce à quoi il faut arriver", cela empoisonnera tout le reste. Pourquoi parler de "préliminaires", comme s'il y avait un but précis à atteindre ? Dans ce cas le désir est plus ou moins obsessionnel, plus ou moins fixé sur telle ou telle de ses manifestations. Si au contraire on est dans cette fluidité du désir, les choses se passent autrement : le plaisir vient comme pour sanctifier, comme pour exulter dans la présence de cette rencontre, et il n'en est que plus grand, sain et saint. Il est d'autant plus grand qu'on n'en fait pas une obsession ; ne l'ayant pas recherché, il vient "par surcroît".

« Cherchez d'abord le royaume et le reste vous est donné par surcroît », dit une parole de l'Évangile. Si vous cherchez en vous d'abord l'amour, le don, le règne de l'esprit, tout vous sera donné par surcroît, comme un don. Mais si vous cherchez d'abord le plaisir, la paix, l'illumination... vous risquez fort de les manquer.

Question : Ne jouons-nous pas ici sur les mots ? Dans le monde où nous vivons, le plaisir n'est-il pas lié à la séduction, au fait de nous voir l'objet du désir de l'autre ? Le plaisir dont vous parlez n'est-il pas une sorte de non-plaisir ?

Il y a différents styles et niveaux de plaisir. Il y a bien sûr le plaisir du "moi" avec son besoin d'être reconnu, qui se nourrit de séduction : ce type de plaisir est toujours menacé parce qu'il y aura toujours des gens à qui on ne plaira pas, des moments où — pour des raisons de fatigue, de vieillesse, de maladie — ce pouvoir de séduction disparaît. Pour certaines personnes, vieillir est un vrai drame, parce qu'elles perdent leur séduction et tout ce qui les confirmait dans leur "moi", leur image narcissique, qu'elles découvrent alors comme illusoire.

Or nous voulons nous éveiller à un état de conscience, à un état d'être où le plaisir ne dépend pas du plaisir du "moi". Je ne dirai pas que c'est un non-plaisir, je dirai que c'est un autre plaisir, une autre qualité de relation que notre "vieux moi" a du mal à accepter et à comprendre. À certains moments de notre existence, il nous est pourtant donné de goûter et d'apprécier cela, de comprendre qu'il y a d'autres plaisirs que ceux auxquels nous sommes le plus souvent attachés.

Il nous faut parfois vivre des choses dures, des ruptures, des blessures narcissiques qui brisent la belle image que nous nous faisions de nous-mêmes pour découvrir d'une part que nous ne sommes pas ce à quoi nous nous identifions et, d'autre part, que ne plus avoir tel ou tel plaisir ne signifie pas forcément la perte du bonheur et du bien-être.

Question : Comment est-il possible d'accepter la réalité comme une transcendance ? On peut être agnostique sans être athée.

Il faut s'entendre sur les mots, quand vous dites "athée", vous dites "celui qui n'a pas de Dieu". Quel Dieu ? Il s'agit souvent d'une image qui nous a été enseignée. On peut être athée et croire dans la Vie, dans le Vivant qui nous habite. Or Dieu, c'est la Vie. Le Christ lui-même a dit : « Je suis la Vérité et la Vie. » Les mots sont parfois des fixations : « Je suis athée, je suis ceci ou cela... » L'important est d'observer quelles qualités d'existence nous sommes capables d'accueillir, de découvrir de l'ouvert dans l'étant ; ce qui nous échappe ou nous transcende n'est pas le moins précieux.

Il y a des athées qui disent ne pas avoir de Dieu, c'est-à-dire qu'ils ne se font pas d'image et ne donnent pas de nom ou de visage précis à la Réalité ultime, ce qui ne les empêche pas de vivre dans l'intimité de cette réalité transcendante qui dépasse les limites de leur ego. Il existe des démarches non religieuses, non dépendantes d'une tradition, mais le rôle d'une tradition ou d'une religion est de nous mener à cette expérience de la Réalité.

Ce sont donc des agnostiques ?

Pourquoi toujours étiqueter nos comportements ? Tout être humain quel qu'il soit, quelles que soient ses étiquettes, peut avoir accès à la Réalité dont nous parlons. Tout être humain a un cœur et ce cœur peut s'élargir en aimant ; tout être humain a une intelligence et cette intelligence peut voir clair ; tout être humain peut ouvrir son humanité à ce qui transcende son humanité... Alors, il devient vraiment humain.

C'est le point de vue de Nietzsche : « L'homme est un pont et il est fait pour être traversé. » On devient Homme dans la mesure où l'on s'ouvre à plus que l'homme, autrement on n'est pas vraiment humain. L'homme devient humain dans cette capacité d'ouverture à la transcendance. C'est ce qui fait l'homme "ouvert", non enfermé dans sa nature mortelle. Mais cette ouverture dépend du libre choix de l'homme ; il peut se fermer, s'enfermer dans son ego, s'enfermer dans son "être pour la mort".

Le "moi" en a parfois assez de souffrir, du malheur de l'humanité et de ses propres soucis, et il décide alors d'aborder la réalité d'une autre façon. Ce qui nous est proposé ici, c'est d'aborder la vie d'une autre façon, de voir que cette façon-là peut nous rendre plus heureux. Vérifiez !

14. Quatre actes négatifs de la parole

Observons de nouveau nos paroles et nos attitudes. Il y a quatre façons négatives d'utiliser la parole.

• *Le mensonge*

Pourquoi dit-on des choses fausses ? Pour se protéger, pour se faire valoir : c'est toujours le même mécanisme. Commençons par essayer d'évacuer de notre vie "ce qui n'est pas" pour dire la vérité, "ce qui est est"...

« Qu'est-ce que le *nirvāna* ? demandai-je un jour au Dalaï-Lama.

— Ce qui est est, ce qui n'est pas n'est pas », me répondit-il.

C'est aussi une parole du Bouddha. J'avoue avoir été un peu déçu, parce que je m'attendais à une réponse qui me fasse un peu planer. Le *nirvāna* évoquait pour moi du merveilleux, mais c'est simplement voir les choses telles qu'elles sont.

Dans l'Évangile, Jésus dit : « Que votre oui soit oui, que votre non soit non. » Vous connaissez la traduction latine : *Est, est — non est, non est.* Tout ce qui est dit de plus est surajouté, c'est du mental, de l'illusion. Dire les choses telles qu'elles sont, ni plus ni moins. Souvent quand on parle, surtout de soi, on en rajoute ou on en enlève un peu. En enlever n'est pas de l'humilité. L'humilité, c'est simplement dire ce qui est, ni "plus" ni "moins".

• *La zizanie*

La deuxième façon négative d'utiliser la parole consiste à créer la dysharmonie par des mots qui provoquent des dissensions, à semer la zizanie.

La parole est une chose merveilleuse, l'organe même de la relation, ce qui nous permet d'entrer en communication les uns avec les autres. Grâce à elle, le Bouddha peut partager quelque chose de son expérience, le Christ peut partager l'information créatrice qui l'habite. Par la parole on peut soigner, aider. Certaines paroles nous ont sauvés, nous ont mis debout, nous ont remis en route, mais d'autres nous ont tués. La parole est dangereuse ! Nous traînons tous avec nous, dans notre vie, deux ou trois phrases entendues très jeune et qui n'ont cessé de nous détruire : « Tu n'arriveras jamais à rien ! », « De toute façon, quoi que tu fasses, c'est pourri... »

Prendre garde à ce que nous disons est extrêmement important, et cette pratique nous mobilise dans le concret de la vie quotidienne. Dans l'Évangile, Jésus y insiste particulièrement : « De toute parole sans fondement on aura à rendre compte au jour du jugement. » Il veut dire toute parole non fondée sur la réalité mais sur des ouï-dire : « On m'a dit que... » Très peu de paroles sont fondées sur le réel...

Quand nous entendons des paroles, sur quoi sont-elles fondées ? Les semeurs de zizanie nous ont-ils glissé à l'oreille deux ou trois petites phrases visant à souiller la réputation d'une personne ? Certaines rumeurs peuvent tuer : des personnes se sont suicidées à cause de médisances, de racontars, de paroles infondées.

« C'est de l'abondance du cœur que la bouche parle ! » Cela veut dire qu'on juge quelqu'un à ses paroles. Quand une personne nous parle d'une autre, elle parle moins de cette autre personne que d'elle-même, de son état d'esprit, de sa vision de l'autre. C'est de la bonne psychologie, ou tout simplement une évidence ! C'est pourquoi Jésus disait : « Ne jugez pas pour ne pas être jugé, parce que du jugement dont vous jugez on vous jugera. »

On trouvera cette même insistance dans des passages de l'Évangile en résonance avec les paroles du Bouddha : veiller sur notre langage. La parole peut être lumière, mais elle peut aussi détruire. « Celui qui maîtrise sa langue maîtrise tout son corps », disait saint Jacques. Il est plus difficile de maîtriser sa langue que celle du dragon ou du lion, parce que avec sa langue on peut mettre le feu. Cette attention à toutes les paroles négatives — qui ne sont pas des informations mais des mensonges, des calomnies, des commérages — est un exercice de maîtrise non seulement de notre corps mais de tout notre être.

La compassion est sans complaisance, elle est lucidité. Quand il y a quelque chose à dire, il ne faut pas hésiter, mais les paroles qui créent la dissension et la dysharmonie sont inutiles : il n'est pas nécessaire de mettre de l'huile sur le feu, d'ajouter de la zizanie à la zizanie. Il ne faut pas croire non plus qu'on va résoudre tous les problèmes en se taisant : il y a des silences qui tuent, des silences de mort.

Trouver la parole juste et le silence juste.

Sur la voie de la compassion, il s'agit de voir à quel point certaines paroles sont inutiles, à quel point elles peuvent faire mal : il faut les éviter, être clair avec ce qui est dit et à qui on le dit.

• *Les insultes*

La troisième façon négative d'utiliser la parole consiste à se montrer blessant, agressif, à insulter. Le bodhisattva n'insulte pas, de même que le Serviteur dans la Bible, « celui qui vient non pas pour être servi mais pour servir ». Dans le texte d'Isaïe il est dit : « Il n'élèvera pas la voix sur la place publique, n'éteindra pas la mèche qui fume encore. »

Cette attitude de non-violence dans le langage ne signifie pas manque de fermeté. Ferme, claire et concise, notre parole aura du poids et de l'énergie. À quoi bon ajouter du mépris, de la violence, de l'insulte ? L'insulte détruit l'autre, le rabaisse, le souille et empêche la communication : il n'y a plus d'écoute, plus de relation possible. Dans cette voie vers l'éveil on dit vraiment et fermement ce qu'on pense, mais on évite de le dire sous forme d'insulte, sous forme violente, afin de ne pas détruire l'autre, de ne pas fermer le dialogue.

• *Le bavardage*

La quatrième mauvaise utilisation de la parole est le bavardage. Pour le bodhisattva, c'est de l'énergie, de la force perdue — une *anima* mal intégrée, dirait un psychologue. La dimension féminine mal intégrée en nous est une parole non créatrice, non féconde, une parole qui tourne en rond, brasse et remue des concepts, des mots, bref « beaucoup de bruit pour rien ».

Paroles futiles : parler parce qu'on est angoissé, parce qu'on ne supporte pas le silence de l'autre (dans certains groupes, quelle angoisse, quel malaise quand il y a trop de silence !). C'est difficile d'être en silence auprès de quelqu'un et de sentir que ce silence n'est pas forcément négatif : on est bien ensemble, on n'a simplement rien à se dire. Pourtant, par peur du vide, certains se sentent obligés de meubler ce silence. Bavarder, c'est remplir le vide avec des riens.

Mais dans certains silences lourds, pleins de menaces, il est bon de dire une parole, même banale, d'échanger un sourire, un acquiescement ; être ensemble en silence devient alors possible. Par exemple dans un train, une salle d'attente, s'installe parfois un mauvais silence ; il suffit alors de dire un mot, puis on retourne dans le silence, mais c'est un autre silence, parce qu'une communication, une bienveillance s'est établie. Il ne s'agit ni systématiquement de se taire ni systématiquement de parler.

Nous dépensons parfois beaucoup d'énergie dans le bavardage : ces paroles futiles nous empêchent non seulement de dire de vraies paroles, mais d'entendre de vraies paroles.

Ces quatre façons négatives d'utiliser la parole : le mensonge, la zizanie, la médisance, le bavardage, sont causes de douleurs et de destruction. On retrouve cette tradition chez les Pères du désert : « Parlez, parlez, il en restera toujours quelque chose. »

Une petite histoire à ce propos : un jeune novice avait la dent un peu dure et ne pouvait s'empêcher de faire des "réflexions" sur chacun. Un jour son Ancien lui ordonna d'aller chercher un dindon. Lorsqu'il revint avec le dindon, il lui dit : « Plume-le maintenant ! »

Le novice s'activa à la tâche et lorsqu'il eut plumé le dindon le Père lui dit :

« Remets-lui ses plumes maintenant ! »

Le jeune novice resta ébahi :

« Mais ce n'est pas possible, il est plumé, je ne peux pas le replumer !

— Eh bien, tu vois, tu fais la même chose quand tu dis une mauvaise parole sur l'un de tes frères ; tu le plumes et sa réputation risque d'être perdue pour toujours. »

On se "plume" les uns les autres et il faut savoir qu'il en reste toujours quelque chose d'irréparable. On ne peut pas appeler cela un crime, mais ce sont des petits coups de couteau qui tuent lentement.

15. Quatre actes positifs de la parole

De la même façon, il y a quatre façons positives d'utiliser la parole.

• *Parler franc*

Cela consiste d'abord à parler de façon franche, à dire ce qu'on pense tout en sachant que c'est notre façon limitée de percevoir et d'interpréter les choses, que ce n'est pas la réalité. Un scientifique dira aujourd'hui : « Ce que j'appelle la vérité, c'est l'interprétation du Réel donnée par mes instruments plus ou moins subtils, mais la réalité est infiniment plus vaste que ce que je peux en saisir. »

Dans notre façon de parler nous affirmons souvent : « C'est vrai parce que je le pense, c'est cela et rien d'autre », alors qu'une attitude d'authenticité, de vérité, demeure lucide sur les limites de ce qu'on sait, de ce qu'on interprète comme réel.

• *Parler en bien*

La deuxième attitude positive consiste à dire des paroles qui ramènent l'harmonie, à dire ce qui va bien au lieu de toujours dire ce qui va mal chez les autres. Parler en bien de l'autre est pour certains un exercice quasiment impossible tant il leur est inhabituel ! Car nous sommes surtout doués pour voir ce qui ne va pas dans le monde, chez les autres et chez nous-mêmes.

Nous pouvons aussi utiliser le langage pour dire ce qui va bien, sans nous forcer évidemment, car cela sonnerait faux. À un moment, ce qui nous intéresse chez l'autre est ce qu'il a de mieux ; on essaie de le comprendre, de voir ce qui est positif en lui et dans ses actes. C'était là une pratique de saint Dominique, le fondateur des dominicains : « ne jamais dire du mal d'un frère absent ». On peut dire à un frère ce qu'on a sur le cœur ou lui faire part de son désaccord, mais uniquement en sa présence, afin qu'il puisse se défendre ; c'est une attitude juste.

• *Préserver un espace pour l'écoute*

La troisième façon d'utiliser la parole juste est non seulement d'éviter les mots blessants, agressifs, mais aussi de ne pas submerger l'autre de notre flot verbal, de laisser un espace pour l'écoute. Nous connaissons tous des personnes qui n'écoutent pas : elles parlent, disent des choses, et l'on est pris dans une espèce de flot, comme écrasé.

Quand je parle, j'écoute. Je parle à quelqu'un, il devrait donc y avoir de l'espace entre nous, de l'espace pour la réponse, de l'espace pour l'autre.

• *Parler de façon claire et concise*

La quatrième façon d'utiliser la parole juste consiste à se dégager du superflu, à avoir le courage du silence, à s'exprimer de façon claire et concise. C'est un exercice qui suppose une certaine qualité de cœur. Parler, ce n'est pas montrer son intelligence, "briller" ; parler, c'est vouloir être compris et rendre l'autre intelligent. Il est vrai que certaines sciences supposent un langage précis, nécessaire si l'on veut parler entre spécialistes ; mais il arrive que l'ego aime montrer qu'il sait des choses que les autres ne savent pas.

Des médecins, des philosophes ou des scientifiques utilisent parfois des termes sophistiqués, se plaçant en "sujets supposés savoir". Parler à quelqu'un, essayer de se faire comprendre demande du cœur et des nuances, des précisions au niveau du langage. On peut sentir dans la façon de communiquer ou d'enseigner si le cœur y est ou pas. Quand le cœur y est, on essaie de rendre compréhensibles des choses complexes ; au contraire, lorsque le cœur n'y est pas, on se sert de ce qu'on sait pour écraser l'autre, pour le culpabiliser dans son non-savoir, pour l'empêcher de sortir de son ignorance.

Être sur une voie de compassion, ce n'est pas seulement formuler le vœu de sauver tous les êtres, c'est mettre en pratique dans des actes concrets, dans les actes de notre corps parlant. Veiller à sa parole contribue aussi au bien-être de tous les vivants. Ne pas empoisonner la vie, ne pas la détruire par nos paroles, au moins la respecter, même si nous ne sommes pas encore capables de la célébrer.

Question : Pourquoi, en règle générale, y a-t-il en nous davantage d'esprit critique, de paroles destructrices que de paroles positives et bienveillantes ?

Remarquez le sens que l'on donne au mot "critique" : à l'origine, l'esprit critique n'est pas celui qui "critique sans cesse", mais celui qui a du discernement. Il faut distinguer l'esprit critique, qui est bon et utile, et l'esprit "de" critique, qui cherche à nuire.

Pourquoi cet esprit de critique qui se plaît à détruire ? D'où cela vient-il ? Il n'y a que des cas particuliers. On peut critiquer sans cesse parce qu'on a toutes sortes de mémoires ; nous "répétons" des attitudes, on nous a plutôt appris à nous méfier, il n'y a plus d'*a priori* de bienveillance. Dans le fait de critiquer l'autre on se place un peu au-dessus, c'est toujours une attitude de l'ego qui a besoin de se rassurer et qui le fait aux dépens d'autrui.

Sur la voie de la compassion on peut être intelligent sans que les autres soient pour autant des imbéciles. Si on est intelligent, c'est pour que tout le monde soit moins ignorant. Tant que l'autre ne comprend pas, tant qu'il y a de l'ignorance, c'est que notre vérité n'a pas été bien communiquée. Notre connaissance et notre lucidité n'ont pas été transmises.

L'attitude du "moi" qui s'affirme aux dépens d'autrui rend l'autre plus stupide et l'enferme dans la souffrance, car l'ignorance est une souffrance. Ne pas connaître le sens de la vie, ne pas comprendre ce qu'on fait là est une vraie souffrance ; notre intelligence peut ajouter à cette souffrance ou au contraire aider à en sortir.

La voie de la compassion nous propose de sortir de notre ego, de ce paquet de mémoires qui nous compose ; il n'y a personne à accuser, il faut au contraire, comme le disaient Dostoïevski et Lévinas, « se faire responsable de tout et pour tous ».

Comment sortir de cet esprit de critique ? Des expressions populaires comme « tourner sept fois sa langue dans sa bouche avant de parler » donnent la clé : cet exercice physique rend conscient de sa langue, du son, des mots qui sortent de notre bouche et permet peu à peu de sortir des paroles négatives et blessantes qui détruisent l'autre et nous-mêmes.

Temps de méditation

Offrons-nous cinq minutes de beau silence. Cela n'est pas "manquer" de paroles, on a le droit de se taire.

La parole n'est pas mauvaise, mais elle peut être inutile ou destructrice.

Nous approcher d'une parole qui soit aussi belle que le silence, d'un silence qui soit aussi beau que nos paroles les plus douces, les plus vraies.

À la source de la parole est le Souffle.

Nous approcher de cette source de la parole qui est dans le Souffle et de cette source du Souffle au commencement de l'inspir ; à la fin de l'expir : le silence de la Présence.

16. Trois actes négatifs de l'esprit

Sur cette voie de la compassion il nous faut encore observer trois actes négatifs et trois actes positifs de l'esprit.

• *La possessivité*

Le premier aspect négatif est la possessivité, l'attachement. Par exemple : j'ai une montre dans une main, si je m'agrippe à cette montre (à la place de la montre mettez quelque chose ou quelqu'un) j'ai bien une montre, mais je n'ai plus de main, car elle est occupée. Ce à quoi nous sommes attachés nous attache ; ce que nous possédons nous possède. Observons cette crispation dans nos mains, observons-la dans le corps des mourants qui s'accrochent aux draps de leur lit : on peut sentir ce mouvement de peur chez certaines personnes, qui raidit leurs épaules, leurs reins, leurs pieds.

La santé, c'est pouvoir ouvrir et fermer ; mais il ne s'agit pas de passer d'un extrême à l'autre, comme on le fait parfois : il ne faut pas s'accrocher, donc je me détache, et c'est l'indifférence. Je ne peux rien faire d'une main toujours ouverte (tout glisse !). La main peut prendre pour donner, elle peut recevoir, s'ouvrir, se fermer.

C'est la même chose au niveau du cœur. Il ne s'agit pas de s'agripper à quelqu'un, mais de desserrer son étreinte, son empreinte ; il ne s'agit pas non plus de s'enfermer dans une relation exclusive, en refusant de connaître qui que ce soit en dehors de telle ou telle personne et en s'enfermant dans certaines familles ou relations. Le cœur doit s'ouvrir, desserrer son étreinte ; mais dire « j'aime tout le monde » est également suspect, car cela revient souvent à dire « je n'aime personne ».

Il faut aussi être capable de prendre, de recevoir, d'embrasser. Le cœur peut se refermer sur un visage particulier et l'aimer, mais sans le tenir, sans l'oppresser. S'ouvrir sans se perdre, se donner des limites sans s'enfermer.

• *La malveillance*

Le deuxième aspect négatif de nos attitudes intérieures est la malveillance. Nous connaissons des personnes qui ont un *a priori* de malveillance : « *A priori* c'est mauvais, *a priori* ça ne marchera pas, *a priori* vous êtes un imbécile, *a priori...* » Ce côté négatif, quelles que soient les circonstances, est un poison de l'esprit.

• *S'accrocher à des conceptions*

S'accrocher à ses conceptions, manquer de souplesse d'esprit est un autre poison. Ce qui est vrai à un moment n'est plus vrai à un autre ; la réalité change sans cesse et l'on reste accroché. Avoir le "poing fermé" ne concerne pas seulement les mains, mais aussi la tête, le cœur. S'accrocher à ses idées, ne pas vouloir en changer est un état d'esprit néfaste qui rend malheureux. « Les idées sont comme les chemises, il faut en changer souvent pour les garder propres. »

Observons nos crispations dans notre corps, dans notre affectivité et notre esprit. Où sommes-nous "enfermés" ? Une expression américaine : *red necks*, "cous rouges", veut dire qu'on a beaucoup de sang à cet endroit et que la mobilité de la tête s'en trouve réduite. C'est l'attitude de quelqu'un qui a une certaine conception de la réalité, qui s'y enferme et y enferme les autres : « C'est ce que je dis et rien d'autre ! » On n'écoute plus, on se ferme, on se "borne" : être borné !

Dans la Bible, c'est ce que l'on appelle « avoir la nuque raide ». La Bible évite les termes abstraits, elle utilise toujours des expressions psychosomatiques. Avoir la nuque raide, c'est avoir un champ de vision rétréci : on voit ce qu'on a devant soi, mais on ne voit ni à droite ni à gauche ; on porte des œillères.

Sur la voie de la compassion, la possessivité, la malveillance et l'esprit borné, l'esprit fixé sur un certain nombre de conceptions, sont des poisons de l'esprit et des poisons pour le monde.

17. Trois actes positifs de l'esprit

• *La satisfaction*

Il s'agit à présent de développer les qualités contraires. Ce qui va répondre à la possessivité, c'est la satisfaction, savoir être content de ce qu'on a. « Désire ce que tu as et tu as tout ce que tu désires. » Désirer, aimer ce qu'on a se dit *samtosha* en sanscrit : le contentement. Il y a des personnes qui ne sont jamais contentes de ce qu'elles ont, qui trouvent toujours que c'est mieux ailleurs ; d'autres sont contentes avec un verre d'eau, un rayon de soleil, un sourire.

À côté de ce besoin de posséder toujours plus, de n'être jamais content de ce qu'on a, il y a cette satisfaction qui n'est pas autosatisfaction, mais reconnaissance à l'égard de ce qui nous est donné. C'est quelque chose que nous devons développer en nous : savoir accueillir avec gratitude ce qui nous est donné. C'est alors que nous devenons nous-mêmes capables de donner.

• *La bienveillance*

Face à la malveillance, l'attitude à développer est évidemment la bienveillance. Bien veiller sur autrui, sur les autres, être attentif, avoir cet *a priori* de bienveillance. « Tout le monde me dit que celui-là est malhonnête, je suis donc prévenu que je vais me faire avoir ; mais je vais développer en moi un "*a priori* de bienveillance", cela désarçonnera peut-être la malhonnêteté. »

Comment des personnes à qui l'on n'a jamais fait confiance peuvent-elles se faire confiance à elles-mêmes ? Se sentant immédiatement perçues dans leur aspect négatif, elles répondent du lieu où vous les regardez. Si vous vous attendez à quelqu'un de malhonnête, vous allez conforter cette personne dans son rôle de "malhonnêteté" ; mais si vous la regardez avec lucidité — on n'est pas dupe ! — dans la partie non frauduleuse de son être, car vous savez qu'il y a aussi autre chose en elle, vous pouvez lui faire confiance. Donnez les clés de votre maison à un voleur, il ne peut plus voler... Encore faut-il vérifier !

Ce sont des exemples un peu simplistes. Vous le savez, cela ne marche pas toujours. Dire à son enfant : « Je te fais confiance » est risqué, car il peut tromper cette confiance, mais au moins lui aura-t-elle été donnée. Ce n'est pas facile pour des parents parce qu'ils "savent" ce qu'il faut faire alors que l'enfant ne le sait pas : ils ont donc tendance à vouloir faire à sa place et à ne pas lui donner sa chance de se tromper et d'apprendre par lui-même.

La bienveillance consiste à veiller sur la confiance que j'ai dans l'autre, à porter un regard bienveillant sur les gens, qui ne sont pas aussi mauvais qu'on le dit, à voir qu'en tout être il y a une possibilité de bonté. Sous ce regard, l'autre se sentira reconnu, il se sentira digne. Il y a des regards qui vous chosifient, vous réduisent, vous ratatinent ; dans d'autres regards au contraire vous vous sentez beau, vous vous "sentez bon".

Lorsque vous posez un regard positif sur quelqu'un, vous êtes créateur de bonté en lui. Dans notre propre existence, avoir été regardé une seule fois par un saint ou un bodhisattva peut nous redonner confiance en nous.

Alors qu'en regardant une femme adultère tous avaient des yeux de pierre, prêts à lapider, le Christ, lui, voyait simplement une femme qui, souffrant de ne plus trouver l'amour en elle, était allée le chercher ailleurs. Alors que tout le monde voit en Matthieu un collabo, car il prend l'argent de ses frères pour le donner à l'occupant romain, Jésus ne voit que celui qui deviendra son disciple.

C'est cela la bienveillance, une qualité que nous devons développer en nous ; les autres ne nous devant rien, pourquoi avoir peur d'être trompés dans la confiance que nous mettons en eux ? Ce n'est pas parce qu'on leur fait confiance qu'ils en sont dignes, ils ont le droit de nous tromper mais on sait qu'on leur a fait confiance, qu'on leur a donné cette chance en toute lucidité.

• *La souplesse d'esprit*

La troisième qualité répondant à l'esprit borné est la souplesse d'esprit, renoncer à se battre pour des mots, car tous ne mettent pas les mêmes choses sous les mêmes mots. Pour certains, Dieu est une expérience très forte, très intime ; pour d'autres, ce n'est qu'un mot, et un mot qui a empoisonné leur existence, leur rappelant telle personne qui au nom de Dieu les a empêchés de vivre. Être souple, c'est ne pas s'arrêter aux mots, mais faire préciser à l'autre quelle réalité, quelle expérience il met derrière le mot Bouddha, ou le mot Dieu.

Tout le monde parle d'amour, mais tous ne mettent pas la même réalité sous ce mot et cela demande parfois des précisions. Quand l'autre nous dit qu'il nous aime, nous nous apercevons parfois qu'il ne nous aime pas du tout de la façon dont nous pensions être aimés ; nous pouvons être surpris, déçus ou au contraire... émerveillés !

L'esprit souple se sert du langage pour communiquer, mais n'enferme pas l'autre dans des étiquettes, dans des mots. Dire ce qui est tel qu'on l'a compris, tel qu'on l'a vu, tel qu'on l'a perçu, en reconnaissant les limites de cette perception, nous rendra moins bornés, moins fermés, moins fanatiques. On se bat pour des mots... Le mot Dieu a fait couler beaucoup de sang.

Avec un esprit souple, on essaye de comprendre l'autre, ce qu'il veut dire ; on n'a pas raison *a priori* : « Je te dis ce que je pense, ce que je sais, ce que j'ai expérimenté, mais je ne te dis pas que j'ai raison ! Je te dis que, toi aussi, tu as quelque chose à m'apprendre et que j'apprends de ta différence. Heureusement que tu n'aimes pas comme moi, car autrement je n'apprendrais rien ; tu as peut-être une autre façon d'aimer qui m'apprendra quelque chose, une dimension qui me manque. »

Ne pas s'enfermer dans ses conceptions entraîne non seulement l'ouverture du cœur mais aussi celle de l'esprit. Rares sont les gens qui ont l'esprit ouvert. En revanche, certaines personnes dont on dit qu'elles ont l'esprit ouvert n'ont parfois pas d'esprit du tout... parce qu'elles sont prêtes à croire n'importe qui, n'importe quoi ; ce n'est pas de l'ouverture d'esprit, c'est ne pas avoir de convictions !

Or il s'agit d'avoir des convictions, de savoir ce qu'on sait et ce qu'on ne sait pas. Ce n'est pas parce que j'aime le Bouddha que je suis moins chrétien, mais ce n'est pas parce que je suis convaincu de la beauté et de la grandeur du christianisme que je vais mépriser le Bouddha. J'essaye de mettre en pratique l'Évangile tel que je l'ai compris, mais ce n'est pas parce que je suis chrétien que le Bouddha n'est pas intéressant ; au contraire, il arrive que des bouddhistes m'apprennent quelque chose sur la façon de vivre l'Évangile. L'amour des ennemis, c'est le cœur de l'Évangile et le cœur du bodhisattva ; il faut apprendre à aimer l'ennemi, à aimer ce qui nous fait peur, ce qui nous fait souffrir.

Cela ne plaît pas à tout le monde, mais je le redis : l'un des chrétiens les plus authentiques que j'aie rencontrés, qui met le mieux en pratique les paroles de l'Évangile, c'est le Dalaï-Lama. Car si quelqu'un pratique cet amour des ennemis, c'est bien lui : je ne l'ai jamais entendu dire une seule parole négative contre les Chinois, porter un seul jugement contre eux. Par ailleurs, il œuvre à la libération de son peuple, n'a aucune complaisance vis-à-vis de l'injustice. C'est quelqu'un qui vit pleinement sa tradition et ses convictions, mais qui n'est pas fermé à l'autre, même pas à son ennemi, et qui voit même ce qu'il y a de positif en lui.

Il me disait un jour : « Heureusement qu'il y a eu les Chinois, sinon je ne serais pas là en train de vous parler. Heureusement qu'ils nous ont mis dehors, parce que sinon on connaîtrait peut-être moins le bouddhisme en Occident ». Bien sûr, il n'est pas nécessaire que ce peuple vive une telle souffrance, une telle injustice, c'est intolérable, c'est inacceptable et le Dalaï-Lama le dit, mais sans haine.

Comment vivre la compassion dans le monde de la politique, qui est le monde du pouvoir du plus fort et, souvent, du non-respect de l'autre ? Un chef d'État capable de respecter son ennemi, de l'appeler un ennemi et de le voir comme un usurpateur, mais sans haine, sans mépris, sans violence... c'est rare, y compris chez les chrétiens !

Mais il n'y a pas que les bouddhistes qui soient de bons chrétiens ! L'enseignement de la compassion — quelle que soit la tradition dans laquelle nous le recevons — nous fait-il avancer dans la pratique ? Cet éveil du cœur et de l'intelligence n'est pas la propriété des bouddhistes. J'espère que ceux qui aiment l'Évangile peuvent aussi s'entraîner à vivre la bienveillance, l'ouverture d'esprit, la non-possessivité.

C'est parce qu'on est ferme dans ce qu'on croit, vraiment enraciné dans sa tradition et sa culture, qu'on peut être ouvert à l'autre et reconnaître toutes les beautés de sa foi. L'enracinement et l'ouverture se confortent, ils sont complémentaires.

Question : Comment peut-on être bienveillant face à la grossièreté et à la laideur ?

Il faut poser de beaux yeux sur les choses laides. Poser de beaux yeux sur des ongles noirs ne vous semblera pas si dégoûtant. Cela ne veut pas dire non plus que vous aimerez cela. Le Christ dit : « Aimez vos ennemis », il ne dit pas : « Soyez amoureux de vos ennemis. » Il ne faut pas tout mélanger. On ne vous demande pas d'aimer la laideur ou ce que vous considérez comme laid, on vous indique simplement de ne pas ajouter un jugement à ce que vous considérez comme laid, quelque chose qui l'enferme. Au lieu de regarder les ongles noirs de cette femme, peut-être auriez-vous pu regarder sa poitrine, ou ses yeux... On voit ce qu'on regarde. Notre regard aime-t-il la beauté ? Je crois que si notre regard, si notre cœur aime la beauté, dans tout être, dans toute chose il trouvera de la beauté, ne serait-ce qu'un grain.

18. La patience

La voie de la compassion est un chemin de patience. La patience ne consiste pas seulement à endurer — au sens de supporter — ce qui est pesant, à encaisser ; c'est une certaine transparence, une certaine perméabilité liée à l'intelligence. Plus nous développons en nous cette qualité d'intelligence, plus nous sommes patients, parce que nous savons l'impermanence des choses, nous voyons que cela ne va pas durer.

« Celui qui comprend tout pardonne tout », a dit Platon, et je vois dans cette parole une belle invitation à la patience et au pardon : si l'on comprenait les autres, si on comprenait par quel chemin ils ont dû passer pour en arriver là, on deviendrait plus patient, plus bienveillant.

Mais avant de parler de patience, observons notre impatience lorsque nous attendons le bus, ou un plat au restaurant... Ces exercices pratiques nous ramènent vers nos pieds ! “Du calme !”, cela veut dire “je m’enracine”. Les autres sont là, les autres existent, les autres résistent, la souffrance est encore là et ce n’est pas en disant “non” qu’elle passera plus vite, mais peut-être en disant “oui” à ce qui est.

En hébreu, pour dire “être patient”, on dit : “avoir de grandes narines”, ce qui veut dire respirer profondément. Être patient, c’est avoir un souffle large, un souffle profond. Remarquez la façon dont vous respirez quand vous êtes impatient, observez comment votre souffle devient court quand vous êtes en colère ; vous perdez le souffle, vous vous essoufflez, vous êtes hors de vous. Développer en soi la patience, c’est développer l’expir ; lorsque vous sentez que la moutarde vous monte au nez, que vos épaules remontent et que vous allez exploser, expirez... expirez !

Être patient n’a rien d’abstrait, cela a quelque chose à voir avec notre respiration, avec nos pieds. Être patient, c’est revenir sur ses pieds, s’enraciner, atterrir, être là, ne pas se laisser emporter par l’émotion. Après avoir expiré profondément, on est capable d’écouter l’autre, d’être patient.

19. L’énergie

La voie de la compassion est une voie de guérison. Pour être ouvert, disponible, dans cette attitude de douceur et de bienveillance, il faut être fort. La douceur est la vertu des forts ; autrement, elle est de la faiblesse.

Jésus parle de la douceur et de l'humilité du cœur. Jésus est fort, il est capable de bousculer les tables des vendeurs, il a de l'énergie ! La douceur est une force qui n'a plus besoin de se prouver. Tant qu'on n'est pas sûr de sa force, on veut la montrer aux autres, tant qu'on n'est pas sûr de son intelligence, on veut la prouver aux autres. Si on est attentif à la réalité, à ce qui arrive, si on sent en soi cette énergie, on n'a pas besoin de la montrer.

La voie de la compassion demande beaucoup d'énergie, mais si on veut la vivre avec l'énergie du moi, on sera vite épuisé. Comment développer cette énergie ? C'est là qu'intervient le retrait, la méditation, qui permet de se recharger, de s'harmoniser avec une énergie plus haute. « Je ne peux plus supporter cette personne, ce n'est plus possible ! » Il faut accepter cet impossible et faire appel en nous à plus grand que nous, à plus fort que nous ; les "paquets" qu'il nous faut porter sont inhumains, mais il y a en nous une force qui se situe au-delà de l'humain, qui nous dépasse.

L'énergie qu'il est question de développer en nous est l'Énergie infinie. Il faut avoir vécu auprès de personnes qui vivent dans des situations complètement désespérées et s'être demandé comment elles "tiennent" pour comprendre qu'elles puisent à une source d'énergie qui les transcende, à une vitalité qui déborde les possibilités ordinaires.

La voie de la compassion est celle de la force et du courage. Sans énergie on ne fait rien ; c'est vrai dans les situations professionnelles ou sociales, mais également sur un chemin spirituel. Il faut du courage pour recommencer chaque jour, car rien n'est jamais acquis.

20. La méditation

Sur la voie de la compassion, la méditation est une pratique d'assise silencieuse dans laquelle nous retrouvons les perfections déjà développées : le temps, le corps, la discipline, l'esprit ; observons-nous et développons en nous les qualités positives, nous avons besoin de beaucoup de patience et d'énergie.

Temps de méditation

Que chacun soit dans la posture qui lui est la plus favorable.

Pour ceux qui n'ont pas l'habitude de la méditation, je rappelle l'importance d'avoir une bonne assise, un bon fondement. La colonne vertébrale est aussi droite que possible, les épaules relâchées.

S'il y a trop de pensées qui vont et viennent, vous revenez dans la conscience de votre respiration ou dans l'invocation qui vous est familière.

Vivez ce temps de méditation, sans but, sans recherche de profit, sans motivation intéressée pour vous-même. Ce n'est pas le moment de chercher l'extase ou une expérience de chaleur intérieure, d'être à la recherche d'un petit quelque chose qui vous console, qui vous rassure... mais il ne faut rien refuser non plus ; si cela arrive, cela arrive, cela passera.

Vivez ce temps de méditation non seulement pour vous-même, mais pour le bien de tous les êtres.

Que cet extrait de Shantideva, nous inspire pour, en silence, accueillir "ce qui est" et "ce qui arrive" et appeler sur tous les êtres la paix et le bonheur.

« De même que la terre et les autres éléments servent aux multiples usages des êtres innombrables répandus dans l'espace infini, ainsi puissé-je être de toute façon utile aux êtres qui occupent l'espace, aussi longtemps que tous ne seront pas délivrés.

« Comme un aveugle qui trouve une perle dans un tas d'ordures ainsi s'est levée en moi, je ne sais comment, cette pensée de l'éveil, cette élévation du cœur.

« C'est un élixir, né pour abolir la mort des mondes, un trésor inépuisable pour éliminer la misère du monde, un remède incomparable pour guérir les maladies du monde, un arbre pour délasser le monde fatigué d'errer dans le chemin de la vie, un pont ouvert à tout venant pour le conduire hors des voies douloureuses, une lune spirituelle levée pour apaiser la brûlure des passions du monde, un grand soleil pour dissiper les ténèbres de l'ignorance.

« Pour la caravane humaine qui suit la route de la vie, affamée de bonheur, voici préparé le banquet où tous les arrivants pourront se rassasier.

« Aujourd'hui, en présence de tous les saints, je convie le monde à l'état d'éveil et de pacification, et pour cela je suis prêt à assumer le fardeau de toutes les souffrances, j'y suis résolu, je l'endurerai, je ne m'y déroberai pas, ni ne m'enfuirai, je ne tremble pas, je ne frémis pas d'épouvante, je ne crains pas, je ne suis pas effrayé, ni ne recule, ni ne me décourage. Pourquoi cela ? Parce que tel est mon vœu. »

Cette pratique de la méditation prend le moi à rebrousse-poil dans deux de ses fonctionnements les plus évidents, c'est-à-dire l'appropriation et la peur. Quand il nous est dit de ne pas méditer pour nous-mêmes, de méditer sans but ni recherche de profits personnels, c'est tout le contraire de ce qu'on nous vend partout : « Méditez pour vous-même, faites-vous du bien... » Cela prend à rebrousse-poil notre habitude de nous approprier non seulement les choses et les êtres, mais aussi certains états spirituels. Quoi qu'il nous arrive, cela ne nous appartient pas, ce n'est pas pour nous. Il y a une sorte de défixation de l'ego et du moi. Tout ce qui nous arrive d'agréable et de bon, laissons-le passer, offrons-le, donnons-le pour le bien-être de tous les vivants.

Le deuxième aspect est peut-être encore plus difficile : « J'assume le fardeau de toutes les souffrances et je suis résolu, je l'endurerai... » Nous avons peur de souffrir et il s'agit de nous délivrer de cette peur de la souffrance, l'une des peurs les plus fondamentales que nous puissions connaître. Dans cette forme de méditation il s'agit de ne pas avoir peur de l'impureté, de la mort ; dans la méditation elle-même, lorsqu'il y a des souffrances, des difficultés, des troubles, il faut s'efforcer de les laisser passer sans en avoir peur, parce que si on les refuse cela va les renforcer. Prendre également cette souffrance non pas comme une souffrance à soi, ou pour soi, mais comme une participation à la souffrance des êtres.

Cette pratique de la méditation nous prépare aussi à un mode d'existence différent des façons d'être habituelles de l'ego qui s'approprie sans cesse, qui veut garder, qui veut protéger, qui veut se défendre de la souffrance, du désagréable. À quoi bon s'en défendre ? Cela arrivera toujours ! Dans ce fonctionnement égotique, la peur permanente de la souffrance peut devenir de l'anxiété, qui peut devenir de l'angoisse, qui peut devenir de la folie. Plus nous nous y opposons, plus nous nous y enfermons, plus nous devenons "paranoïaques". Nous avons l'impression que tout nous veut du mal, que tout nous poursuit et veut nous détruire.

Dire oui à la souffrance, au fait qu'elle existe, c'est au moins nous délivrer de cette maladie. Si nous sommes capables de dire oui — et cela commence par les petits désagréments de la vie quotidienne —, curieusement cette souffrance va diminuer et avec elle la peur. Soyons capables d'accepter l'agréable comme le désagréable. Cette pratique est extrêmement élévée et demande une grande maturité de cœur et d'esprit. Prétendre qu'elle est simple serait injuste.

Dans certains stages sont proposées nombre de techniques permettant à l'émotion, au cri, aux gestes de violence refoulés de s'exprimer, pour extirper de nos cuirasses tous ces paquets de mémoires logés dans le corps, qui nous font souffrir. Et puis nous nous retrouvons le lundi matin sans cuirasse, mais ne tenant plus debout ; nous nous rendons compte alors que ce sont nos cuirasses, nos défenses qui nous maintiennent debout. Notre ego nous fait vivre sans cesse sur la défensive. Je suis d'accord pour enlever les cuirasses, à condition qu'on ait mis quelque chose à l'intérieur, une colonne vertébrale. C'est l'inconvénient d'un certain nombre de pratiques et de thérapies : on travaille sur nos défenses, mais on ne nous propose pas de colonne vertébrale, si bien que lorsque nous en ressortons nous n'avons plus rien pour affronter le monde.

Comment oublier que l'enseignement dont il est

question ici se fonde sur le fait que nous avons en nous la nature de l'éveil, que nous avons en nous cette énergie, la présence du Vivant ? Si on est bouddhiste, on parlera de la présence du Bouddha, cette capacité de connaissance et de compassion qui peut transformer les choses. Si on est chrétien, l'éveil à la Présence du Christ intérieur nous permettra de lâcher nos défenses, de lâcher le moi. Sinon, quelle illusion ! Si c'est notre moi qui accueille la souffrance du monde, nous serons complètement submergés, dans cet état de maladie grave où nous nous identifions aux événements ou aux symptômes qui nous torturent le corps, le cœur ou l'esprit.

Nous cherchons une pratique dans laquelle, pour être dans cette attitude d'ouverture, de non-défense, de non-dualité, de non-paranoïa, il faut être bien fondé, établi dans la présence du Soi, de l'Être intérieur, savoir qu'existe en nous cette richesse, cette possibilité de compassion, une énergie qui fait que nous n'avons pas à avoir peur de la souffrance, qu'en nous un feu peut transformer le plomb des épreuves. Nous devenons alors capables d'accueillir toutes les immondices, toutes les choses désagréables, nuisibles, néfastes, impures ; elles vont nourrir le feu qui nourrira la lumière.

Cette méditation où l'on ne s'approprie rien, où l'on n'a peur ni de la souffrance, ni de la mort, ni de l'impureré, ni de ce qui peut déstabiliser, est possible parce qu'on accepte et reconnaît en soi une force de transformation. La méditation nous replace dans cette énergie, cette compassion, cette clarté qui n'est pas nous-mêmes mais le Vivant en nous.

Cette vie, cette lumière peut prendre pour nous la forme du Bouddha, l'incarnation d'un mode de vie juste, lumineux, paisible, sans peur. Cette vie — cette énergie, ce Vivant — peut prendre pour nous la forme de Jésus de Nazareth, qui incarne dans ses actes et ses gestes cette non-peur de la souffrance, qui est capable de prendre sur lui les souffrances du monde, les négativités et les refus pour les transformer et les conduire au-delà.

« Puissé-je être pour les pauvres un trésor inépuisable, être prêt à leur rendre tous les services qu'ils désirent.

« Toutes mes incarnations à venir, tous mes biens, tous mes mérites passés, présents, futurs je les abandonne pour que le but de tous les êtres soit atteint. Le nirvāna, c'est l'abandon de tout, et mon âme aspire à cette délivrance. Puisque je dois tout abandonner, mieux vaut le donner aux autres.

« Je livre ce corps au bon plaisir de tous les êtres, que sans cesse ils le frappent, l'outragent, le couvrent de poussière. Qu'ils fassent de mon corps un jouet, un objet de dérision et d'amusement. Je leur ai donné mon corps, que m'importe qu'ils lui fassent faire tous les actes qui peuvent leur être agréables, mais que je ne sois pour personne l'occasion d'aucun dommage.

« Si leur cœur est irrité et malveillant à mon sujet, que cela même serve à réaliser les fins de tous. Que ceux qui me calomnient, me nuisent, me raillent ainsi que tous les autres obtiennent l'éveil.

« Puissé-je être le protecteur des abandonnés, le guide de ceux qui cheminent, et, pour ceux qui désirent l'autre rive, être la barque, la chaussée, le pont. Être la lampe de ceux qui ont besoin de lampe, le lit de ceux qui ont besoin de lit, l'esclave de ceux qui ont besoin d'esclave, la pierre du miracle, la plante qui guérit, l'arbre des souhaits, la vache des désirs. »

Ces textes d'Orient, dont nous retrouvons l'écho dans les écrits des mystiques chrétiens, nous étonnent. Il faut les écouter avec discernement, car un certain masochisme peut s'y glisser. Il ne s'agit pas de rechercher la souffrance, mais d'être prêt, de ne pas avoir peur. Ne pas avoir peur de rendre son corps, ses gestes, son enseignement, sa parole disponibles aux autres. Dans ce fait d'être là pour les autres, d'être ouvert à l'autre, on va au-delà de son moi et on goûte une autre qualité d'être, la présence en nous de l'Être qu'on ne peut pas nous enlever, qui ne peut pas être détruit.

Je peux donner mon corps dans la mesure où je sais qu'il y en moi quelque chose qui ne peut être détruit si l'on détruit ce corps. Souvenez-vous des paroles de l'Évangile : « Ne craignez ni ceux qui détruisent ce corps "parce qu'il y a en vous quelque chose qui ne peut pas être détruit", il y a en vous une lumière que les ténèbres ne peuvent pas atteindre. »

« Je n'ai pas peur des ténèbres, je n'ai pas peur de l'obscurité parce que je sais. » Encore faut-il avoir été touché par la certitude de cette Présence en nous que ne peuvent détruire ni la mort ni la souffrance ; mais quand on a touché cela on peut entrer sur la voie de la compassion.

Ce vœu donne une direction et une orientation du cœur. Savoir qu'on ne recherche pas simplement son bien-être et qu'on ne sera pas vraiment bien tant que tous ne seront pas bien ouvre quelque chose dans le cœur. Avoir déjà cela en soi, c'est s'éveiller à une certaine qualité, une qualité incarnée par le Bouddha et dans le Christ. Les bodhisattvas, les saints sont des êtres humains, des êtres qui ont vécu dans l'espace-temps, dans la même histoire, qui sont plongés dans le même courant du fleuve ; donc, pour nous aussi cela est possible.

Question : Est-il toujours juste de prendre en soi la souffrance de l'autre ? Quelquefois, ne vaut-il pas mieux la lui renvoyer ? C'est là une démarche de thérapeute, on accueille la souffrance mais pour la renvoyer, pour faire travailler sur cette souffrance. Quelle est l'attitude des bodhisattvas par rapport à cela ?

Cette expression "prendre en soi la souffrance" peut prêter à confusion, car il ne s'agit pas de prendre la souffrance pour la garder, il ne faut pas en faire du "moi", car le moi risque alors d'être submergé. "Prendre en soi la souffrance" n'est peut-être pas une bonne traduction : on est encore dans le "prendre" alors qu'il ne s'agit pas de s'approprier la souffrance. C'est le problème de certains tempéraments plus ou moins pathologiques ou masochistes qui "prennent" du plaisir à la souffrance de l'autre et s'en nourrissent. La compassion n'est pas une pathologie !

Peut-être faudrait-il trouver une autre expression. Si celle que je vous propose ne vous convient pas, choisissez-en une autre. Plutôt que "prendre en soi", je dirai "accueillir à travers soi" la souffrance de l'autre ; l'accueillir, parce que l'autre est là, et il souffre, mais ne pas l'arrêter en soi, la laisser passer à travers soi.

Au moment où la souffrance passe "à travers nous", cela nous fait mal au cœur, aux tripes, dans le dos, nous sommes touchés et il y a une réelle souffrance. Nous pouvons par exemple avoir une fièvre qui n'est pas la nôtre, sentir que la personne malade s'est "déchargée" sur nous ; une sorte de malaise énergétique, physique, nous accompagne... mais il ne nous appartient pas.

Accepter un moment d'être "contaminé", mais laisser passer cela au plus vite ; cette fièvre, cette souffrance, ce malaise "passeront", ce n'est pas moi et je n'en fais pas du "moi".

Une certaine distance intérieure, un "regard éloigné" permet de se différencier de l'être et de la souffrance de l'autre, sinon il y a "confusion", le moi peut "craquer", surtout si vous avez à accompagner des personnes gravement atteintes. Toute maladie, qu'elle soit physique ou psychique, a quelque chose de "contagieux" dont il ne faut pas avoir peur ; la peur, c'est ce qui transforme la contagion en contamination.

La souffrance de l'autre, faut-il la lui "renvoyer" ? C'est l'attitude de ceux qui disent : « Cher ami, c'est votre affaire ! C'est votre problème, je n'y peux rien... » Dans certains cas, il est bon de rappeler à chacun sa responsabilité ; quelque chose de malsain peut nous empêcher de nous prendre en charge. Dans une attitude de compassion, on ne "renvoie" pas la souffrance à la personne submergée, on la dirige vers la terre ou les sources de la vie, on accueille sa souffrance, et à travers soi on la confie à Dieu (si pour nous la Réalité ultime a ce nom), aux abîmes de lumière, à un Amour infini, à l'Être capable d'opérer à travers nous, ou au-delà de nous, les transformations nécessaires.

On accueille mais on ne garde pas, on laisse passer... Une certaine "compétence" est nécessaire si l'on ne veut pas devenir une "poubelle", ne pas prendre plaisir aux détritus, aux souffrances, aux mémoires qui s'exposent crûment et cruellement devant nous. Veiller au feu en nous qui transforme les immondices. « À la fin, c'est la Joie qui sera la plus forte. » Saint Paul dit : « Portez les fardeaux les uns des autres. » Porter n'est pas garder, ni entretenir.

L'image de l'éponge se retrouve dans plusieurs traditions : « Je suis comme une éponge », elle se remplit de la souffrance de la personne qui se confie à moi. Lorsqu'elle est "remplie" il ne faut surtout pas oublier de l'essorer sous peine de demeurer dans un état de confusion — ce qui est possible parce qu'on se rend souvent réceptif à une souffrance qui a un lien avec la nôtre. Ensuite peut venir un moment de méditation et d'offrande.

Par cette adhésion à la transcendance, à cet abîme de paix et de lumière qui est en nous, notre éponge est plongée dans l'océan de la vie, l'océan d'amour... De nouveau elle se remplit, mais cette fois d'eau vive et de clarté. Se plonger dans cet espace de béatitude, de bonheur à l'intérieur de nous-mêmes, expérimenter que la lumière et la paix existent, puis transmettre ce que nous avons reçu, "passer l'éponge" sur le visage blessé et lui donner un peu de paix, de lumière... Parfois un mot suffit, un geste, ou simplement "être là, pacifié". Notre éponge offre son eau vive puis, de nouveau disponible, elle se remplit des négativités, des angoisses... Cet exercice se fait sur le rythme de la respiration : inspirer, accueillir, expirer, donner...

Quand vous êtes auprès d'un grand malade ou d'un mourant, après un moment de méditation qui vous a "rechargé", entrez dans la salle, "pressez l'éponge" doucement, quelque chose en vous se diffuse ; être une lumière dans la nuit qui, même si elle n'éclaire pas, rayonne.

L'éponge est votre cœur, c'est votre corps, votre esprit sans complaisance et sans crainte devant la souffrance d'autrui. Notre cœur n'est pas toujours une éponge, il est plus souvent une pierre ; mais si ce cœur de pierre devient un cœur de chair il se rend réceptif à la souffrance comme au bonheur, à l'amour comme à la peur, à la joie comme à l'angoisse... Capable d'accueillir le pire comme le meilleur, il épouse le Réel.

Cette pratique nous introduit sur la voie de la compassion. Chacun se rend accueillant aux souffrances du monde et peut donner ensuite un peu de cette paix qu'il ne "possède" pas, cette paix que rien ni personne ne peut lui enlever.

La voie de la compassion ne se réduit pas à un vœu ou un beau rêve, c'est une transformation. Tout notre comportement est concerné : notre boulimie, notre inquiétude ou notre angoisse fondamentale, celle qui a besoin d'accumuler de l'objet par manque de présence au sujet que nous sommes ; ce n'est pas "mauvais", c'est une souffrance, une insécurité dont on a envie de sortir. C'est alors qu'on commence à lâcher, à ne plus s'accrocher, à s'approprier ; quelque chose se libère en nous — la capacité de don —, le cœur recommence à vivre. Personne n'a le droit de nous dire : « Fais-le » ou « Ne le fais pas », c'est un mouvement qui vient du cœur.

À un moment de notre vie, tout ce que nous avons accumulé devient trop lourd et nous nous rendons compte qu'en voulant à tout prix posséder l'autre, nous l'empêchons de se donner. Plus on lui dit « Aime-moi », plus il a envie de fuir. Le jour où l'on cesse de dire « Aime-moi » pour dire « Je t'aime, mais tu as le droit de ne pas m'aimer », on s'aperçoit que, devenu libre d'exprimer son désir, l'autre vient plus facilement vers nous.

Il s'agit donc de sortir de cette attitude d'attente et

de demande, de reconnaître qu'en nous existe cette capacité de donner, quelle que soit notre pauvreté, notre misère. C'est à partir de cette richesse intérieure que la transformation peut s'opérer. Saint Séraphim de Sarov disait : « Trouve la paix intérieure et une multitude sera sauvée à tes côtés. » La paix n'est pas "ma" paix, mais la paix même de l'Être. Le fait d'être nous-mêmes dans cette paix se communique à tout notre environnement.

Temps de méditation

Cinq minutes nous sont données pour être là, simplement "là", mais un "là" immense, sans limites, qui n'a pas les limites de notre propre corps dans lequel nous risquons de l'enfermer.

L'espace qui est à l'intérieur de la cruche est celui qui remplit tout l'univers. Nous approcher de cette expérience, ne pas avoir peur d'être ouvert à cet espace. Nous n'avons rien à défendre, rien à protéger, ce qui Est est.

L'Être qui est en nous, nul ne peut nous le prendre, nous l'enlever ; la lumière, nul ne peut se l'approprier. Laisser être cela, respirer cette Présence.

Ouvrir ses limites, ce n'est pas perdre ses limites. Dans certaines pathologies, le drame, c'est de ne même plus sentir les limites de son corps. Si vous avez à accompagner des personnes souffrantes, vous vous rendrez compte que leur problème vient d'une perte de limite, d'identité, de forme, et il s'agit d'abord de leur rendre leur identité, leur forme, leur corps.

Je crois qu'il ne s'agit pas d'opposer une démarche à

une autre. Ouvrir l'espace en nous, ce n'est pas détruire la cruche, ce n'est pas détruire la forme, ce n'est pas détruire l'ego, car c'est avec l'ego qu'on va au-delà de l'ego. L'ego, c'est la forme dans laquelle nous sommes, le corps dans lequel nous sommes, ce sont les mémoires qui nous composent ; mais il faut savoir que ce n'est pas tout, ne pas nier la forme, ne pas s'enfermer dans la forme.

Cette voie de la compassion a pour but de nous conduire au-delà de l'ego, elle suppose une certaine maturité. Ce n'est pas un enseignement pour les enfants qui, eux, ont besoin de se former un ego, un "moi" qui se différencie du moi de la mère et de l'environnement. Il n'y a pas de transcendance de l'ego s'il n'y a pas d'abord eu de "moi" ; dans ce cas, on n'est pas "au-delà de l'ego", en contemplation, on est en deçà ou à côté du moi, dans la pathologie.

Le travail de la psychothérapie consiste à rendre une forme à quelqu'un qui n'en a plus, à redonner du poids à quelqu'un qui ne sait plus qui il est. Cette identité étant retrouvée, on peut alors l'ouvrir, aller au-delà. Au lieu de s'opposer, psychologie et spiritualité devraient travailler ensemble, cela éviterait un certain nombre d'erreurs d'un côté comme de l'autre.

Devenir un ego, un ego fort, bien adapté à un monde malade, ce n'est pas encore la santé. La spiritualité nous rappelle qu'il y a autre chose que ce monde des ego. Mais on ne transcende que ce qu'on a assumé, que ce qu'on a accepté. Il s'agit donc d'accepter qu'on a un ego, une forme ; nous sommes les enfants de nos parents, mais nous pouvons aussi aller un peu plus loin, "faire un pas de plus".

Le chemin vers le Soi passe par le moi, il n'en fait

pas l'économie ; autrement, cela risque fort d'être un "Soi dissolvant" dans lequel nous perdons nos limites et nos formes sans les transcender. D'un point de vue pratique, ce sera une expérience de désincarnation. Or il s'agit d'abord de bien s'incarner, d'accepter la forme dans laquelle nous sommes, le poids de son incarnation, avant d'ouvrir cette incarnation à la transfiguration et à la résurrection.

Question : La méditation, est-ce décoller ou est-ce atterrir ?

Je crois qu'une vraie méditation est à la fois les deux : il faut bien atterrir pour arriver jusqu'ici, c'est un long chemin. Il n'est pas difficile de sortir de son corps, surtout quand on y est mal, on en sort d'ailleurs toutes les nuits avec les rêves. En revanche, entrer dans ce corps, y revenir, y descendre est un long chemin. Il s'agit donc d'atterrir, de s'incarner.

Savoir aussi qu'il y a d'autres réalités, être ouvert à l'espace, au cœur même de ce corps. S'incarner et s'ouvrir, mais pas se désincarner, aller au-delà de sa forme mais ne pas perdre sa forme, aller au-delà de l'ego mais accepter que tant que nous sommes dans cet espace-temps, jusqu'au dernier souffle, nous serons un "ego", un "moi", mais un moi plus ou moins poreux, plus ou moins douloureux, plus ou moins ouvert, plus ou moins enfermé ou plus ou moins libre à l'égard de cette forme et des éléments qui le composent.

Ce qui me frappe lorsque je vois des personnes considérées comme des bodhisattvas ou des saints, c'est qu'elles ont un vrai "moi", bien affirmé. Je pense à certains lamas dont le "moi" est même un peu épais ; ils ont leurs tics, leur façon d'être, leur caractère, mais ils ne sont pas enfermés, ils ne sont pas gênés par cela, leur "moi" est ouvert.

Au contraire, des personnes qui se nourrissent de grands textes spirituels et affirment qu'il ne faut pas avoir d'ego ne sont pas vraiment incarnées, pas vraiment libres dans leurs actes et leurs attitudes concrètes. Il est dit dans l'Évangile de Thomas : « Que celui qui veut être pauvre, qu'il commence par être riche » ; étant devenu riche, il pourra lâcher cette richesse car il saura que ce n'est pas cela la vraie richesse. Celui qui veut aller au-delà de son "identité provisoire", qu'il commence par l'accepter, alors il connaîtra le bonheur d'être dans une identité relative, illusoire et en même temps ouverte à l'Ultime Réalité.

« Être au cœur de la forme, ouvert au sans-forme » est aussi le grand message du *sûtra* du cœur, *Prajñāpāramitā* : « la forme et le sans-forme, le fini et l'infini, le créé et l'incréé », arrive un moment où c'est Un, on n'oppose plus l'un à l'autre.

De même, au niveau de nos expériences intérieures, peut-être avant de renoncer tout à fait à la consolation faut-il accepter celle qu'apportent la méditation et la prière. Thérèse de Lisieux, qui est un grand bodhisattva, dit un jour dans sa prière : « Seigneur, je ne veux plus de consolation, assez de sucre d'orge, assez de douceurs, tout ce que je reçois, toutes ces consolations, je te les donne pour le bien-être de tous, pour le salut de tous. » Elle a été exaucée : vous savez dans quelle sécheresse et dans quelle nuit elle a vécu les dernières années de sa vie, sans aucune consolation. Cela était possible parce qu'elle avait d'abord accepté les consolations.

Cela me rappelle une petite histoire qui s'est passée à la Grande Chartreuse. Le maître des novices me disait :

« Tu te plais trop dans les consolations, nous ne sommes pas ici pour avoir des consolations, ici on refuse même les consolations. » À l'époque, j'étais obéissant, et j'ai donc demandé dans ma prière : « Pas de consolations. » Le problème, c'est qu'il y en eut beaucoup plus ! Je n'étais pas encore prêt pour « la nuit de l'esprit » et les sécheresses du désert intérieur !

Le jour où l'on renonce aux consolations, où l'on ne veut plus d'expériences “subtiles”, il en arrive davantage. Puis vient le moment où tout nous est réellement enlevé. Le jour où l'on renonce au bonheur pour soi, où l'on veut être heureux pour les autres, on reçoit un plus grand bonheur. C'est ce qu'apprend le Dalaï-Lama : « Toutes les souffrances sans exception viennent du désir du bonheur pour soi-même alors que la parfaite “bouddhéité” naît du désir de rendre les autres heureux ; c'est pourquoi échanger complètement son bonheur contre celui des autres est une pratique des bodhisattvas. »

Pour renoncer à son bonheur il faut d'abord l'avoir goûté, mais sans s'y attacher, sans s'y enfermer ou s'y agripper. Dans cette offrande de son bonheur pour le bien-être de tous, on s'éveille à une autre qualité de bonheur, moins “humide”, plus “sèche”, moins au niveau des sens, dans une sensibilité plus intérieure, dans les profondeurs où existe une paix peut-être plus vaste que celle qu'on avait d'abord connue.

La vie des saints nous fournirait beaucoup d'exemples, dans le bouddhisme comme dans le christianisme. Mon but n'est pas de donner des exemples merveilleux mais d'insister sur le travail à faire pour réaliser cela. Je ne suis pas un maraîcher, je suis un quincaillier ; c'est-à-dire que je ne vends pas de bons fruits savoureux qui peuvent nous nourrir et nous rassasier pendant un instant, mais des instruments pour cultiver votre jardin. Il faut des maraîchers, il faut des quincailliers.

Si j'insiste sur l'enseignement, sur les choses concrètes à faire dans le quotidien, c'est pour que nous puissions enfin goûter les fruits de notre verger. Cela ne sert à rien de rêver sur Thérèse d'Avila, sur Thérèse de Lisieux, sur ces êtres merveilleux et fantastiques. Cela ne peut que nous donner de la nostalgie et même un certain désespoir à voir combien nous sommes loin de ce qu'ils ont atteint ! Combien nous aimons peu ou mal.

Nous pouvons acheter des fruits qui nourriront provisoirement notre faim, mais nous pouvons aussi acquérir des instruments, des pratiques à accomplir au niveau de notre sexualité, de notre attachement, de notre possessivité, au niveau de ce qu'il y a dans nos placards, vérifier que notre porte peut s'ouvrir, avoir conscience du don concret que nous pouvons faire, de l'influence que nous pouvons avoir sur nos paroles afin d'éviter toutes ces nuisances déjà évoquées.

« À quelqu'un qui a faim, donnez-lui un poisson, il aura à manger pour un jour ; donnez-lui une canne à pêche, il aura à manger tous les jours de sa vie. » Nous sommes ici pour nous forger une canne à pêche, mais ce n'est pas parce qu'on a une canne à pêche qu'on va à la rivière. On peut la laisser dans le placard, mais il faut aller à la pêche ! Tout ce que je vous dis n'est utile que dans la mesure où vous le vérifiez en le vivant.

Pour parvenir à un état de compassion, de don de soi, à un éveil du cœur, les temps de méditation sont des temps infiniment précieux pendant lesquels nous avons l'occasion de stimuler la patience, la discipline, le don et l'énergie. L'énergie dans la méditation va nous conduire à la sixième perfection : la connaissance transcendante ou sagesse *prajñāpāramita*.

21. La sagesse

Cette connaissance transcendante est une expérience directe, non confuse, de la réalité, l'expérience immédiate de l'esprit en contact avec la réalité. Cela n'a rien à voir avec un ésotérisme ou un état de conscience particulier, c'est la clarté du cœur et de l'esprit. Nos actes ne sont pas justes parce que nous n'avons pas la vision juste de ce qui est.

Le temps de méditation va nous préparer à avoir une vue plus juste. Lorsque nous sortons d'une vraie méditation, si ce n'est pas un moment où se crée un "petit monde intérieur", nous sommes davantage ancrés dans la réalité, et cette Réalité qui nous traverse, qui est en nous et infiniment plus que nous, nous donne une vision différente des choses. Voir les choses agréables ou désagréables avec un esprit méditatif, c'est les voir avec patience, énergie, bienveillance : la connaissance transcendante, la sagesse, c'est cela "tout simplement"...

Si nous pratiquons ces différents exercices, en nous se développe une sagesse, une qualité d'adhésion, d'adéquation, à ce qui est ; dans cette "adhérence" à ce qui est, la compassion véritable va pouvoir se manifester.

Voici une pratique tibétaine dont chacun pourra s'inspirer en toute liberté :

« Pensez, méditez ainsi : j'accueille toutes les négativités, je n'ai peur d'aucune et je m'en réjouis.

« Pensez : je distribue tous mes actes positifs, mon bonheur du passé, du présent et du futur, l'usage de mes facultés corporelles, mes possessions à tous les êtres. Considérez que chacun d'entre eux reçoive ce bienfait et cultivez une grande joie à la pensée qu'ils l'ont vraiment reçu.

« Pour rendre plus vif ce transfert mental, lorsque vous inspirez, imaginez qu'une masse noirâtre, correspondant à tous les voiles, actes nuisibles et souffrances des êtres, pénètre en vous par vos narines et se fond dans votre cœur, pensez qu'ainsi tous les êtres sont à jamais débarassés de leurs négativités et de leurs tourments.

« Mais lorsque vous expirez : imaginez que tous vos bonheurs et toutes vos vertus se déversent sous la forme d'une lumière blanche sortant de vos narines et qui pénètre tous les êtres, et soyez heureux en pensant qu'ils accèdent tous rapidement à l'état d'éveil.

« Habituez-vous à cette méditationt en faisant de la prise en charge, de la distribution appuyée sur le souffle, la partie principale de votre session méditative.

« En dehors de ces moments de méditation, souvenez-vous-en avec soin et mettez-le en pratique.

« C'est cela même l'essentiel de l'apprentissage spirituel ainsi que l'a dit et redit Shantideva : "Si je n'échange pas totalement mon bien-être avec la souffrance d'autrui, je ne réaliserai pas l'état d'éveil, et dans ce cycle des existences il n'y aura pas de bonheur." »

J'accueille avec joie toute négativité, toute souffrance, toute puanteur comme une lumière noire que j'inspire, que je laisse descendre en moi, et à l'expir je redonne de la lumière blanche, des souhaits de bonheur et de paix vers tous ceux qui me font souffrir ou qui m'ont fait souffrir ; je leur souhaite l'éveil, la simplicité, la paix.

« Ce n'est pas ce qui entre dans l'homme qui rend l'homme impur, mais ce qui en sort. » Dans le contexte de l'Évangile, Jésus s'adresse à ceux qui disent qu'il faut se méfier de telle ou telle personne, de manger tel ou tel aliment... Jésus dit que ce ne sont pas "les autres" qui sont impurs, mais ce qui sort de notre bouche, les paroles, ces fameuses paroles néfastes, ou négatives ; voilà ce qui nous souille et empoisonne le monde.

Il nous est dit dans cette pratique : « Ne craignez rien, il n'y a rien à craindre », et cela va dans le sens contraire du mécanisme habituel de l'ego ; tant qu'on est dans cette attitude de méfiance propre à l'ego, on est contaminé, on est dans la dualité, dans la peur.

Il s'agit désormais de n'avoir peur de rien, de tout accueillir, même le plus négatif, non pour le garder mais pour le laisser passer à travers nous. C'est une pratique très évangélique que celle des bodhisattvas ! Mais elle n'est pas facile pour nous ! Pour nous, l'autre est dangereux, coupable, alors que rien n'est dangereux ou sale ; tout dépend de ce qui va sortir de notre bouche, tout dépend du regard que nous porterons sur le réel, tout dépend de la pureté ou de l'impureté de notre cœur pour que vienne la lumière et l'amour ; cela suppose que la souffrance ait été transformée.

Dans cette attitude rien n'est morbide : « Soyez dans la joie ! » est-il bien précisé. « Prendre la souffrance des autres » n'a rien de triste. Dans certaines représentations du Christ souffrant apparaît la dimension de souffrance, mais pas la dimension d'amour qui transforme la souffrance. Ce n'est pas la souffrance du Christ qui nous sauve, c'est l'amour à travers lequel il va transformer cette souffrance ! Il y a très peu de représentations du Christ souriant sur la croix, il en existe pourtant (le Christ de l'abbaye de l'île de Lérins et celui du monastère Notre-Dame de Beaufort, en Bretagne).

Quand on lit l'Évangile de Jean : « Ma vie on ne me la prend pas, c'est moi qui la donne », on sent pourtant l'attitude souveraine de quelqu'un qui ne subit pas les événements. Il n'est pas "objet" de la souffrance et des événements, il demeure le Sujet de ce qui lui arrive.

Question : Si le Bouddha est un être que le bonheur et même l'éveil n'intéresse pas tant qu'il y a dans le monde d'autres hommes qui souffrent, n'est-il pas à jamais un être désespéré, puisqu'il y aura toujours des êtres malheureux et méchants. Le Bouddha est-il aussi triste que le Christ ?

J'entends votre question, surtout, je vois des images. Si vous posez cette question, c'est que vous avez en vous certaines images du Christ comme le Christ de Perpignan, ou encore ce Christ qui faisait perdre la foi à Dostoïevski — ce Christ mort, cadavre, exposé au musée de Bâle — où n'apparaît que le côté humain, le côté sans espoir, sans issue de la passion vécue par le Christ.

Quand on parle aujourd'hui de souffrance, « de prendre sur soi la souffrance », il faut se méfier du dolorisme et du masochisme. La souffrance n'est pas bonne et si on l'accueille, si on n'en a pas peur, c'est pour la transformer, pour mettre à sa place la joie et la paix, parce qu'il y a en nous un amour capable de la transformer.

Jean Guitton me citait un jour Louis-Marie Grignion de Montfort qui, se fondant sur l'une de ses expériences, affirmait que le Christ sur la croix était au comble de la joie. Cela m'avait beaucoup choqué, c'était pour moi insupportable à entendre.

Quand on ne souffre pas pour soi mais pour les autres, par amour pour les autres, c'est une autre souffrance, une souffrance qui n'est pas dénuée de joie. C'est paradoxal et il est difficile d'expliquer cela avec des mots, mais souvenons-nous, avec notre petite expérience, de ces moments où nous avons eu mal, mais pour quelqu'un que nous aimions ; quelque part, cet amour était plus grand que la souffrance et il la transformait.

Nos représentations du Christ ne montrent pas assez cela ; elles le montrent souffrant le plus souvent, alors que le Bouddha a un sourire serein, ce qui fait dire à certains : « Regardez, le bouddhisme est une religion de paix, de sérénité et de joie ; le christianisme, lui, est une religion de douleur, qui cultive la souffrance. »

Or le christianisme ne cultive certainement pas la souffrance ! Le Christ soignait et guérissait les malades, il prenait sur lui la souffrance du monde, mais pour sa délivrance, par l'alchimie de la compassion.

Certaines images sont à corriger.

Il y a assez de souffrance dans le monde, il est inutile d'y ajouter la nôtre ; vouloir le bien-être de tous les vivants, les délivrer de leur malheur, de leur souffrance, c'est être heureux. Il faut commencer par là.

Il y a un devoir d'être heureux, mais ce bonheur ne doit pas être un petit bonheur fermé, clos sur lui-même. Que vaut ce bonheur où l'on est heureux tandis que les autres souffrent ? Ce n'est pas du bonheur, c'est de l'autosuffisance, de l'ignorance. Comment être heureux en sachant que les êtres souffrent ? Telle est la vraie question.

Il ne s'agit pas de renoncer à être heureux puisque c'est le plus grand service que l'on puisse rendre à l'humanité. Si l'on est heureux, il y a au moins un endroit où il y a du bonheur, mais ce bonheur doit sans cesse grandir et il grandit au fur et à mesure que d'autres sont un peu plus heureux.

Si dans votre vie vous avez rendu une seule personne heureuse, vous n'avez pas perdu votre temps ; si vous avez rendu un chien heureux, cela valait la peine ; ou cette plante qui a fleuri un jour de printemps et dont vous avez eu l'impression qu'elle vous répondait. Je crois que notre vie est perdue si ce don en nous n'a pas pu être communiqué. Si personne ne veut de ce don en vous, offrez-le à tous les êtres, offrez-le à la vie, au vent ! Le vent le portera vers ceux qui en ont le plus besoin.

Accueillir en soi la souffrance du monde sans dire non, sans peur, sans méfiance, suppose une grande qualité de cœur, une grande maturité, ce n'est pas un travail pour les enfants. Les enfants ont besoin d'être aimés et de recevoir. Nous sommes là dans un travail d'adultes ; malheureusement, beaucoup d'adultes sont encore des enfants qui "demandent" ou exigent.

Dans cette pratique, notre préoccupation n'est pas de recevoir, d'avoir plus, de n'être jamais content ! Il faut au contraire nous dire que nous avons passé l'âge de demander, de réclamer : « Je n'ai plus à téter ma mère, à téter les autres, mais peut-être que je peux donner de mon cœur, de mon être. C'est le moment de donner ! je donne et j'accueille ceux qui peuvent en avoir besoin. »

Ce n'est ni une attitude morbide ni une attitude doloriste. « Accueillez dans la joie la souffrance », est-il dit dans le texte. Quand mère Teresa était valide, auprès des mourants, elle ne pleurnichait pas, elle ne les plaignait pas, elle posait des actes et le plus grand cadeau qu'elle pouvait donner était son sourire, son attention.

Si vous voulez soigner un malade, il faut d'abord vous soigner vous-même, être en bonne santé, car vous rendre malade avec l'autre ne change rien. Il ne s'agit pas de se rendre malheureux avec les autres mais d'accepter, d'accueillir leur malheur dans notre bonheur afin de pouvoir le transformer ; sinon, on risque de caricaturer et de déformer l'image du Christ et celle du Bouddha.

Pourquoi imaginer un Christ doloriste, submergé par la douleur alors que c'est quelqu'un dont les bras et le cœur sont ouverts ? C'est tout le symbolisme de la croix, la totale ouverture d'un être qui ne se préserve pas parce qu'il y a en lui ce feu qui peut transformer toute chose. Il est le buisson ardent couronné d'épines, qui par lui deviendront "langues de feu" : pentecôte. Il incarne une *coincidentia oppositorum* — une coïncidence des contraires, du bonheur et de la souffrance.

Le sourire du Bouddha n'est pas celui de l'indifférent ou du béat, il ne se moque pas de la souffrance, il sourit à la sérénité qui la transforme.

Charles de Foucauld disait : « Je ne peux m'empêcher d'être heureux, parce que je sais que Dieu est Dieu, que Dieu est Amour, que le fond de l'être est doux, le fond de l'être est bon, j'en ai eu l'expérience !... mais en même temps je ne peux m'empêcher de souffrir parce que je vois que l'amour n'est pas reconnu. » Saint François d'Assise est l'un des saints les plus rayonnants de joie, de spontanéité que l'on puisse trouver dans le christianisme, et en même temps l'un des plus douloureux. Il pleure, dit-il, parce que « l'amour n'est pas aimé ».

Je crois que c'est cela un être habité par la compassion : quelqu'un qui ne peut pas être triste, qui ne peut pas être malheureux, parce qu'il sait que « l'Être est ce qu'il est », que l'amour est l'amour, que la vie est la Vie, et qu'elle aura le dernier mot au cœur de toutes nos morts. Il l'expérimente et sait en même temps que l'amour n'est pas aimé, que la vie n'est pas aimée, mais il pose des actes pour qu'il y ait un peu moins de souffrance.

Si vous voulez poser un acte concret pour qu'il y ait un peu moins de souffrance dans le monde, commencez par être heureux, ne soyez pas malheureux du malheur des autres. Il n'est pas facile d'en parler, on prend ces textes d'une façon beaucoup trop psychique. Évidemment cela fait peur, on se dit : « Mon petit bonheur, je vais le perdre, j'ai déjà tellement de mal à être heureux, que va-t-il me rester si je m'ouvre à la souffrance des autres ? » Observez ! vérifiez ! C'est exactement le contraire qui se passe.

Plus on se préserve, plus on préserve son "petit bonheur", plus il se rétrécit. Il faut avoir confiance dans la vie ; elle peut certes nous arracher ce petit bonheur auquel nous tenons tellement, mais pas l'essence de la joie et de la paix parce que c'est mon Être même. Nous voyons alors nos petits bonheurs devenir grands, pas simplement pour nous mais aussi pour les autres.

Revenons à la pratique. Je vous ai parlé de la pratique de *Tonglen*. *Tonglen* veut dire littéralement "échange". *Tong* signifie donner et *len*, prendre, accepter, accueillir. Cette pratique a pour but de transformer notre attitude intérieure et elle commence au quotidien : être dans cette attitude de bienveillance où l'on considère l'autre comme un hôte, non comme une menace, un ennemi. L'ennemi, c'est ce qui est différent, qui ne pense pas comme nous, qui n'aime pas comme nous ; ce n'est pas toujours celui qui nous veut du mal.

Cette ouverture, ce don et cet accueil vont être le fondement de la compassion et de l'amour authentique dans l'échange du moi pour l'autre. À un premier niveau, cet échange consiste à se mettre à la place de l'autre. C'est un exercice que l'on retrouve dans la *gestalt* ; on vous demande par exemple, pendant quelques instants, de vous asseoir sur un coussin ou une chaise et de vous mettre dans la situation de l'autre, cet autre qui vous fait peur, ou qui vous inquiète, un personnage du passé, et on vous dit : « Maintenant vous êtes votre oncle, essayez de vous mettre à sa place et de voir ce qui l'a conduit à poser cet acte-là. »

Se mettre à la place de l'autre est un exercice qui consiste à sortir de soi, de son point de vue, c'est voir l'autre avec son propre regard. Si vous avez des difficultés avec une personne, dites simplement : « Maintenant je vais me mettre à sa place. » Commencez par prendre son attitude, son ton de voix, parce que dans son ton de voix vous allez trouver quelque chose de ses émotions, de ses sentiments, vous allez la comprendre de l'intérieur.

Tonglen, c'est accepter l'autre, se mettre à sa place. Cette démarche est le début de la sortie de nos *a priori*. Nous sommes toujours au niveau psychique, cela nous permet de commencer à dépasser nos comportements agressifs, de comprendre l'autre, sa motivation, son attitude, sa perspective, cela nous donne une compréhension plus large, plus intelligente de la situation. C'est le point de départ de la compassion.

À un niveau plus radical, se mettre à la place de l'autre signifie mettre son moi à la place de l'autre et le moi de l'autre à la place de son moi, c'est-à-dire inverser l'attitude égocentrée habituelle. L'égocentrisme consiste à mettre le moi au milieu, au centre. Il s'agit de substituer à l'attitude égocentrée une attitude allocentrée, où l'autre devient le centre.

Se mettre à la place de l'autre permet de percevoir la situation de façon plus large, plus réaliste avec la perspective de l'adversaire, ce qui peut être très utile. Se mettre à la place de l'autre permet de répondre d'une façon non égotique, non centrée sur "moi". On ne va pas chercher à avoir raison à tout prix, à être le plus fort, le plus beau, le plus grand, on ne va donc pas entretenir le conflit, la séparation entre moi et l'autre.

Petit à petit, on s'approche de la non-dualité, de l'expérience de l'unité, qui n'est pas une expérience d'indifférenciation parce qu'on serait alors dans la psychose (le psychotique ne fait pas la différence entre moi et l'autre). Cette pratique suppose une différenciation, que chacun soit bien lui-même mais pas enfermé en lui-même ; il s'agit d'être devenu soi-même, sinon on risque une régression dans l'indifférenciation.

Quand on avance plus loin, on entre vraiment dans une pratique spirituelle. On parle alors d'"échange des mérites" : « Tout ce que j'ai acquis de mérites dans ma vie passée, dans ma vie présente, tout ce que j'ai fait de bien, je le donne pour l'autre. »

Cela se pratiquait dans l'accompagnement des mourants, pour le salut et la libération de l'autre. C'est le moment où l'on offre à l'autre tous les actes bons, tout le bon karma, toutes les bonnes énergies que l'on a accumulés, on ne les garde pas pour soi ; alors, quelque chose peut se passer, c'est ce qu'on appelle le transfert de conscience, ou le transfert d'énergie, qui consister à donner pour l'autre ce qu'on a de meilleur.

C'est une pratique que l'on retrouve chez les bodhisattvas chrétiens comme Thérèse de Lisieux, Thérèse d'Avila, saint Jean de la Croix. À un moment, tout ce qu'ils peuvent acquérir par leur ascèse et leurs prières, ils le donnent pour les autres. « Seigneur, cette joie que tu me donnes, donne-la à un autre. » En renonçant à cette joie, ils s'ouvrent à une joie plus fine, à une joie plus haute. Le renoncement à la joie donne la joie : ça paraît sans doute paradoxal, ça ne s'explique pas, ça se vérifie. Méfiez-vous tout de même du piège : « J'ai renoncé à la joie pour être plus joyeux ! » Ça ne marche pas : si vous renoncez à la joie pour une plus grande joie, c'est très intéressé, c'est le piège de l'ego et il est difficile d'en sortir.

« L'éveillé dit ce qu'il faut quand il faut sans savoir qu'il sait. » De la même façon on pourrait dire que le bodhisattva aime comme il faut quand il faut, mais sans retour sur soi, dans un état d'innocence.

Vous connaissez la parabole du pharisien et du publicain. Devant, le pharisien dit : « Moi, moi... », et le publicain, derrière : « Viens à mon secours. » Beaucoup de chrétiens qui connaissent ce passage vont se mettre au fond pour qu'on voie bien qu'ils sont à la dernière place ! L'ego est un singe très malin qui récupère tout, y compris les activités les plus spirituelles, pour s'enfler, se fortifier.

« Voyez comme je souffre »... Vous sentez la pathologie ! Et ces personnes se présentent parfois comme des mystiques ! « Je souffre et je suis dans la souffrance, ce n'est pas moi qui ai mal, c'est cet homme qui est tellement pourri et que la vie m'a imposé, je souffre parce que... As-tu lu les dernières nouvelles ? As-tu vu cette émission à la télévision sur les Kurdes ? Ce n'est pas possible... Regarde comme je souffre, regarde comme je suis généreux ! »

Il y a là quelque chose d'injuste, parce que ce n'est pas votre souffrance qui changera ce qui se passe au Kurdistan ! Cela ne fait qu'ajouter de la souffrance à la souffrance, et il y en a bien assez.

Mieux vaut faire un geste concret, un geste matériel ou un autre geste qui ait des conséquences réelles... Peut-être le premier geste est-il un peu de paix, un peu de bonheur non fermé sur lui-même. On revient toujours à l'"attitude juste", ajustée.

Cette pratique consiste à renoncer au paradis, au bonheur, à la joie rien que pour soi, mais dans ce renoncement il y a l'éveil à une autre qualité qui est joie, paix, bonheur non égocentrique. On est frappé de voir des personnes vraiment dans la souffrance et la difficulté qui prennent sur elles les difficultés d'autrui et qui ne sont ni désespérées ni anéanties. On sent bien qu'une force non humaine est à l'œuvre en elles.

Regardez des gens comme l'abbé Pierre ou mère Teresa, pour prendre des exemples contemporains, non pour les idolâtrer mais simplement reconnaître qu'ils font réellement quelque chose, qu'ils affrontent réellement la souffrance de façon non émotive.

Mère Teresa n'est ni une émotive ni une sentimentale, mais il faut voir comment elle prend les bébés, avec cette force de l'amour sans complaisance. Elle n'a pas cette attitude que l'on retrouve beaucoup chez nous, qui consiste à s'émouvoir devant tous ces enfants malheureux... Et après ? On a versé une larme, on s'est donné bonne conscience, mais il n'y a pas moins de souffrance dans le monde ; il y a la nôtre en plus, et on empoisonne sa famille, son entourage parce qu'on se culpabilise dès qu'on est heureux.

« Comment, vous voulez du whisky ? Vous pensez à tous ceux qui ont faim... et vous buvez de l'alcool en plus ! » On en connaît de ces personnes qui pensent que le fait d'être grincheux, d'empoisonner la vie de tout le monde, c'est être un bodhisattva ! J'ai vécu auprès de personnes que je considère comme des bodhisattvas, mais je n'ai jamais rencontré cette attitude chez elles, au contraire : « Si tu en es encore là, mon pauvre ami et si tu as besoin d'un whisky, bois-le ! Après, peut-être pourras-tu t'occuper de ton prochain... N'y reste pas enfermé et vois qu'une fois ta fatigue un peu tombée, on pourra faire autre chose. » C'est du bon sens, des choses de la vie quotidienne où peuvent se mêler des énergies spirituelles.

Accepter le bonheur, le recevoir, l'accueillir, mais comme un bonheur qui n'est pas fermé, qui n'est pas clos, rester vulnérable à la souffrance d'autrui et savoir qu'on ne sera jamais complètement heureux tant qu'un seul être souffrira. Ce n'est pas une vérité triste, cela va nous délivrer de l'angoisse de vouloir être heureux à tout prix, et à ce moment précis nous nous rendons disponibles pour des énergies plus savoureuses.

Dans cette pratique, nous sommes au cœur même de "l'amour des ennemis" : aimer ce que l'on n'aime pas, aimer ce qui n'est pas plaisant. Les exégètes affirment qu'il est impossible de savoir si le Christ a vraiment dit toutes les paroles qu'on lui attribue ou s'il s'agit d'interprétations des évangélistes, mais il y a au moins une parole dont on est à peu près sûr qu'elle est de Lui : « Aimez vos ennemis. »

C'est vraiment nouveau, ce n'est pas naturel, ce n'est pas humain d'aimer ses ennemis. Quand je demandai à un moine du mont Athos : « Comment être sûr que je suis en présence du Saint-Esprit, que c'est le Christ qui vit en moi et que ce n'est pas moi qui me raconte des histoires ? » il me répondit : « Tu ne peux en être sûr que quand tu aimes tes ennemis ! Pas quand tu as des extases, pas quand tu sens monter dans ta colonne vertébrale une chaleur tout à fait étonnante ou que des rayons de lumière te transpercent ; là, ce n'est pas obligatoirement le Saint-Esprit, ça peut être "énergétique" ou "cosmique". Mais quand tu aimes tes ennemis, tu peux être sûr que le Christ vit en toi ! »

Aimer nos amis est normal, naturel, mais nos ennemis ! Cela n'a rien de naturel, cela veut dire que nous participons à une qualité d'être et d'amour plus grande que nous.

Quand on a à se battre avec la souffrance, il s'agit bien de prendre sur soi quelque chose de mauvais, de négatif, non de le cultiver mais de le transformer. La souffrance est quelque chose de mauvais, mais elle peut devenir quelque chose de bon si on en fait quelque chose de bon, si on en fait une occasion de grandir et d'évoluer.

Il y a un devoir d'être heureux, non seulement pour nous-mêmes mais pour les autres. Si vous voulez le bien des autres, le bien de l'humanité, vous devez être plus heureux ou moins malheureux. Commençons par le début : un peu moins malheureux, un peu moins triste, un peu moins négatif, un peu moins malveillant ; puis, lorsque nous serons un peu plus heureux, un peu de ce bonheur va se communiquer au monde. Je ne crois pas qu'un être malheureux puisse rendre les autres heureux.

Si on veut effectivement le bonheur de tous les êtres, il faut accepter le bonheur en soi et savoir que ce bonheur n'est pas le nôtre, puisque c'est le bonheur même de la vie, du Vivant. Nous goûterons pleinement ce bonheur lorsqu'il sera partagé par le plus grand nombre, et il ne sera total que lorsqu'il sera partagé par tous.

Nous pouvons nous souhaiter les uns les autres d'être heureux.

Pensez aux bodhisattvas si vous êtes bouddhiste. Pensez au Christ si vous êtes chrétien, celui qui vient non pas pour être servi mais pour servir dans la joie, dans la paix et dans le don. Pour lui, ce ne sont pas des mots, ce sont des actes et des actes qui vont jusqu'au bout, jusqu'à la mort. Sa mort elle-même est donnée et de cette mort naît la résurrection.

Il y a quelque chose de plus grand que la mort. La mort, la bêtise, la souffrance n'auront pas le dernier mot...

Le Christ est ressuscité !

Entre nous : rien...

États-Unis, 9 octobre 1979

Nous étions une vingtaine de professeurs autour de Huston Smith pour accueillir le Dalaï-Lama que nous avions invité dans notre université, la seule qu'il eût visitée lors de ce premier séjour dans l'État de New York.

Après les mots et les cérémonies d'usage, nous nous sommes salués joyeusement, et tout à coup il n'y eut plus de titres, de rôles ou de fonctions.

Entre nous : Rien...

De l'Espace
pour tous les êtres, pour tous sans exception.
Même le rat avait droit à son bain de claire lumière.
...
Je voyais le monde proprement.
Sa Sainteté souriait aux ordinateurs.
...
N'ayez peur de rien
sinon de vous prendre pour quelque chose ;
n'ayez même pas peur de cela
c'est un caillou rond
qui lui donne des rides
mais n'empêche pas de couler la rivière.
...
entre nous
que ce Rien demeure
et demeurera possible la Rencontre.

Table

DU MÊME AUTEUR

Aux éditions Albin Michel

L'Évangile de Thomas, 1986.
L'Évangile de Jean, 1989.
L'Enracinement et l'Ouverture, 1989.
L'Absurde et la Grâce, 1991.
Paroles du mont Athos, 1992.
Jean Cassien, Introduction aux « Collations », 1992.
Évagre le Pontique. Introduction à « Praxis et Gnosis », 1992.
Jean Chrysostome. Introduction aux « Homélies sur l'incompréhensibilité de Dieu », 1993.
Grégoire de Nysse. Introduction à la « Vie de Moïse », 1993.
Écrits sur l'hésychasme, 1993.
Prendre soin de l'Être. Les Thérapeutes selon Philon d'Alexandrie, 1993.
Manque et Plénitude. Éléments pour une mémoire de l'Essentiel, 1994.
Paroles de Jésus, 1994.
La Vie de Jésus racontée par un arbre, 1995.
Désert, déserts, 1996.
L'Évangile de Marie. Myriam de Magdala, 1997.
Les Livres des morts tibétain, égyptien et chrétien, 1997.
Sectes, Églises et religions. Éléments pour un discernement spirituel, 1998.
Introduction aux « vrais philosophes ». Les Pères grecs : un continent oublié de la pensée occidentale, 1998.

Chez d'autres éditeurs

Jnana Yoga. La voie de la connaissance, in *Les yogas, chemins de transformation,* Seveyrat, Paris, 1988.

Approche métaphysique et éthique du visage de l'homme, in *Visage, sens et contresens,* dirigé par Boris Cyrulnik, éditions Eshel, 1988.

Pleroma et Kenosis. Deux modes d'appréhension de l'Ouvert, in *Tradition et modernité,* éditions de l'Originel, 1988.

De l'aréalité du Bleu des vents et des sables, poèmes et tableaux, éditions New York-Paris-Tokyo, 1990. Disponible à l'Institut pour la Rencontre et l'Étude des Civilisations, 83150 Lorgues.

La Voie du pèlerin, éditions Terre Blanche, 1992.

Entretien avec Olivier Germain-Thomas, in *Agora, Les aventuriers de l'Esprit,* La Manufacture, 1991.

Maître Eckhart, éditions Terre Blanche, 1996.

L'Art de mourir, avec Marie de Hennezel, Robert Laffont, 1997.

Aimer... malgré tout, entretiens avec Marie de Solemne, Dervy, 1999.

*La composition de cet ouvrage
a été réalisée par Nord Compo,
l'impression et le brochage ont été effectués
sur presse Cameron
dans les ateliers de Bussière Camedan Imprimeries
à Saint-Amand-Montrond (Cher),
pour le compte des Éditions Albin Michel.*

Achevé d'imprimer en janvier 2000.
N° d'édition : 18666. N° d'impression : 000127/1.
Dépôt légal : février 2000.